Guía para ver y analizar

En construcción

José Luis Guerin
(2001)

Longi Gil Puértolas

NAU llibres
OCTAEDRO

© *Derechos de edición:*
Nau Llibres
Periodista Badía 10.
Tel. 96 360 33 36
Fax. 96 332 55 82
46010 Valencia
E-mail: nau@naullibres.com
web: www.naullibres.com

Ediciones Octaedro S.L.
Bailén 5, 5ª.
Tel. 93 246 40 02
Fax 93 231 18 68
08010 Barcelona
E-mail: octaedro@octaedro.com
web: www.octaedro.com

Imprime:
Lozano Impresores S.L.

Fotografías:
Longi Gil Puértolas y Pablo Navarro

Diseño de portada e interiores:
Artes Digitales Nau Llibres

ISBN13: 978-84-7642-794-1 (Nau Llibres) ISBN13: 978-84-9921-099-5 (Ed. Octaedro)
Impreso en España. *Printed in Spain*

Dep. Legal: GR-4463-2010 (Nau Llibres) Dep. Legal: GR-4464-2010 (Ed. Octaedro)

A ma mare i els meus avis, Eliseo i Carmen.

Índice

1. Ficha técnica y artística[1]

Título original: .... *En construcción*
Año de producción: 2000
Año de estreno: 2001
Director: .... José Luis Guerín
Productor ejecutivo: .... Antoni Camín Díaz
Guión: .... José Luis Guerín
Empresas productoras: .... Ovideo TV SA (87,24%) y Arte France (12,76%)
Director de producción: .... Joan Antoni Barjau
Ayudante de producción: .... Francina Cirera
Fotografía: .... Alex Gaultier
Segundo operador: .... Ricardo Iscar
Montaje: .... Mercedes Álvarez y Nuria Esquerra
Ayudante de dirección: .... Abel García
Sonido: .... Amanda Villavieja
Ayudante de sonido: .... Marta Andreu
Productores delegados: .... Gerald Collas y Jordi Balló
Productores asociados: .... Dana Hastier y Thierry Garrel
Auxiliar de dirección: .... Elena Marí
Documentación: .... Clemente Bicocchi, Javier Gil y Abigail SCAF
Mezclas: .... Francisco Camino y Jean-Jacques Faure
Efectos sala: .... Kiku Vidal (Sound Crash)
Conformación VT: .... Richard Dutheil
Etalonaje VT: .... Philippe Boutier y David Sauve
Avid: .... Manuel Duque y Manel Barriere
Post-producción: .... Alex Herrero, Jaume Garcia, Esteve Tort, Montse Jiménez y Leo Obstbaum
Coordinación UPF: .... Anna Duran
Coordinación Ovideo TV: .... Esther López
Unidad de producción INA: .... Maya Feuillette y Silvie Ronchail
Empresa distribuidora: .... Wanda Visión, SA

1 Estos datos se han elaborado a partir de la información que la empresa productora (OVIDEO TV SA) facilitó al autor; contrastados con las bases de datos de IMDB y del Ministerio de Cultura del Gobierno de España; por los propios títulos de crédito que aparecen en la película, y por las ediciones de DVD.

Fecha de autorización: .... 15 de octubre de 2001
Género: ....Documental

Personajes:

Juana Rodríguez Molina.. (pareja de Iván)
Iván Guzmán Jiménez .... (pareja de Juana)
Juan López López ....(el encargado de la obra)
Juan Manuel López... (hijo del encargado)
Pedro Robles.. (ferrallista)
Santiago Segade .... (oficial albañil)
Abdel Aziz El Mountassir..(peón albañil)
Abdelsalam Madris ....(aprendiz de albañil)
Antonio Atar..(ex-marino mercante)
Pere Lluís Artigas ....(arqueólogo)
Jesús M. Eiris .... (encofrador)
Francisco Gómez .... (encofrador)
Juan M. Ortiz .... (encofrador)
Jordi Martínez... (encofrador)
Niños:.. Tania Garduño, Bruno Garduño, Javi Huertas, Jan Álvarez
Otros personajes:... Sonia, Marina Tomás, Felipe Gómez, Juan J. López *Cantinflas*, Luis Ramírez *Rambo*.

Duración: ....125 min.
Metraje:... 3.420 metros
Nacionalidad: ....España y Francia
Idioma:... español y catalán
Laboratorio:...................................... Imatge Film y Swiss Effects

Relación de premios obtenidos

- Premio Especial del Jurado del Festival Internacional de Cine de San Sebastián
- Premio FIPRESCI en el Festival Internacional de Cine de San Sebastián
- Premio del Círculo de Escritores Cinematográficos en el Festival Internacional de Cine de San Sebastián
- Premio Goya 2002 a la Mejor Película Documental.
- Premio del Círculo de Escritores Cinematográficos a la Mejor Película Española de 2001.
- "Fotogramas de Plata" a la Mejor Película Española de 2001 otorgado por la revista "Fotogramas".

- Premio Sant Jordi a la Mejor Película Española de 2001 otorgado por Radio Nacional de España.
- Premio Ciutat de Barcelona de Audiovisuales otorgado por el Ayuntamiento de Barcelona.
- Premio de la Asociación Catalana de Críticos y Escritores Cinematográficos a la Mejor Película Española de 2001.
- Premio de los Críticos Cinematográficos de Girona a la Mejor Película Española de 2001.
- Premio Carles Duran del Público, otorgado por el Colegio de Directores de Cine de Catalunya.
- Premio José Mª Forqué a la Mejor Película Española de 2001, otorgado por EGEDA
- Certificate of Merit de los Golden Gate Awards del Festival de Cine de San Francisco 2002
- Finalista a la Mejor Película Europea de 2002 de la European Film Academy.
- Adicionalmente, José Luis Guerín ha obtenido el Premio Nacional de Cinematografía de 2001 otorgado por el Ministerio de Educación, Cultura y Deporte.

2. INTRODUCCIÓN

En construcción es el estandarte de un buen puñado de películas, largometrajes documentales de autor o "de creación", que se han producido en España en la primera década del tercer milenio. Se trata de un cine documental sin límites fronterizos, que se funde y confunde con la ficción sin ningún tipo de complejo ni cortapisa. La película de Guerín es el testimonio vivo de un tiempo dominado por el auge económico, la especulación urbanística y la falta de consideración a todo aquello que se sitúa en los márgenes de las convenciones sociales.

En construcción es un cine que experimenta con los recursos expresivos y dramáticos tomados directamente del mundo real; es una metáfora de la construcción del propio discurso fílmico y de los procesos de globalización y multiculturalidad. De forma premonitoria, sin pretenderlo, *En construcción* es también una alegoría a los orígenes de la crisis más importante del mundo capitalista.

Pero si todo esto fuera insuficiente para merecer la atención de la colección *Guías para ver y analizar cine*, esta película de naturaleza documental ha cosechado diferentes galardones en festivales cinematográficos nacionales e internacionales y, lo más sorprendente, ha contado con el reconocimiento del público en las salas comerciales y de una buena parte de la crítica especializada, cosa nada desdeñable en los tiempos que corren.

2.1. El contexto histórico del documental

El 27 de septiembre de 2001 –cuando todavía humeaban los restos de World Trade Center de Nueva York a raíz del atentado terrorista más monstruoso de la historia– se estrenaba en San Sebastián la película *En construcción* de José Luis Guerín. Subrayando el tópico de que "la realidad supera a la ficción", la caída de las Torres Gemelas, el 11-S, vista por televisión, minimizó cualquier tipo de efecto especial del género de ficción por más espectacular que fuera. Como espectadores, este acontecimiento, televisado en directo por todo el mundo, afectó notablemente a la manera de percibir la realidad a través de los medios de comunicación.

En construcción fue la película mejor valorada por el público de aquella edición del Festival Internacional de Cine. Aun así, el jurado –del que forman parte Claude Chabrol y Giuseppe Bertolucci– no se atrevió a otorgarle un primer premio y le concedió el Premio Especial del Jurado "por ser una historia que toca muchos aspectos de la vida en el Estado español de hoy, narrada con un talento cinematográfico original". Para compensar la falta del galardón más importante, la Concha de Oro, la Federación Internacional de la Prensa Cinematográfica (FIPRESCI) le otorgó el premio de la institución por "ser una metáfora realista de cambios existenciales". Realmente *En construcción* fue la ganadora moral del festival y la prensa constató el reconocimiento. Así narraba un cronista del festival la controvertida sesión en que se proyectó la película de Guerín:

> Muchos han quedado chocados por el hecho de que un film no exactamente de ficción haya sido aceptado a concurso, y otros abandonaron la sala, ya que en la primera parte a la película le cuesta arrancar. José Luis Guerín con otros cuatro ayudantes han filmado durante más de dos años el ambiente del barrio, centrándose sobre todo en la pareja formada por una joven prostituta y su novio, ambos drogodependientes. No obstante, al final la cinta fue aplaudida[2].

La edición de 2002 de los premios Goya, los emblemáticos galardones del cine español, incorporaron por primera vez el premio al mejor largometraje documental concedido a *En construcción*. Después de quince años, la Academia tenía una deuda histórica con

2 Apaolaza, J.; Elorza, C. y De la Torre, L.: *NOTICINE.com* en San Sebastián, www.noticine.com, 7-09-2001.

el documental, por lo que esta edición puede considerarse como el principio de una nueva etapa para el panorama cinematográfico español. Nada importante ocurre por casualidad. La incorporación del género –casi siempre alejado de la participación de los actores profesionales, mayoritarios en la institución académica– supuso una inyección de prestigio y de presencia en los medios, cosa que repercute favorablemente en la consolidación del número de producciones de los años siguientes. Efectivamente, a partir de 2002 y 2003 empieza a crecer de forma notable el número de producciones y coproducciones españolas de largometrajes documentales, una tendencia ascendente que culmina con las 50 películas de 2008, un año que paradójicamente pasará a ser recordado como el inicio de la recesión económica más importante del mundo globalizado. En cualquier caso, el periodo que analizamos corresponde a una época de "vacas gordas" que, sin duda, ha finalizado definitivamente.

Producción de largometrajes documentales españoles (1999-2009)[3]

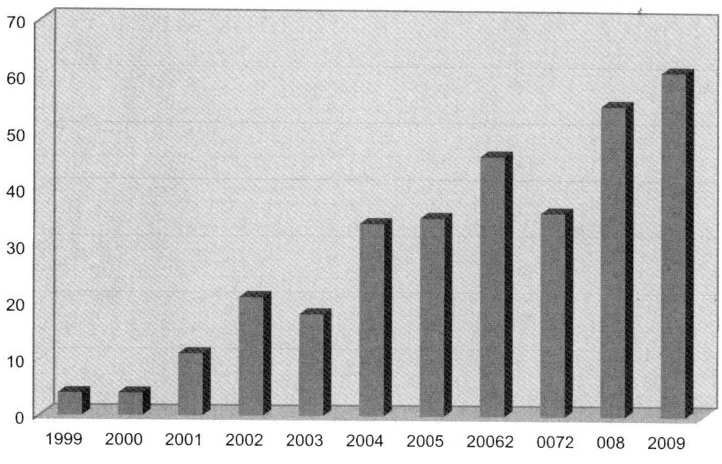

Durante la década de los setenta el número de espectadores en las salas descendió enormemente. A pesar de ello, Esteve Riambau se refiere a los años de la Transición (1973-1978) como la "edad de oro del documental español" y afirma que fue "un periodo intenso y apasionante frente al cual el cine no podía permanecer insensible ni indiferente".[4]

---

3 Fuente: Base de datos de películas calificadas, Ministerio de Cultura: www.cultura.mecd.es, consultada el 30-12-2009. Elaboración propia.

4 Riambau, E. (2001): "Vivir el presente, recuperar el pasado: el cine documental durante la transición, 1973-1978", en *Imagen, memoria y fascinación. Notas sobre el documental en España*. Madrid: Ocho y Medio, pp. 125-138.

Es en ese periodo de la Transición donde encontramos los antecedentes cinematográficos al auge de los 2000, cuando los cineastas españoles se liberaron del monopolio que la dictadura franquista había ejercido sobre la producción documental a través de NO-DO. A partir de la muerte de Franco, un puñado de cineastas rompieron el hielo de cuarenta años de dictadura estrenando significativos documentales: Basilio Martín Patino (*Queridísimos verdugos*, 1973 y *Canciones para después de una guerra*, 1976), Jaime Chávarri (*El desencanto*, 1976), el chileno Patricio Guzmán (*La batalla de Chile*, 1976), Jaime Camino (*La vieja memoria*, 1976), Gonzalo Herralde (*El asesino de Pedralbes*, 1978), Ventura Pons (*Ocaña, retrat intermitent*, 1978) o Joaquim Jordà (*Numax presenta*, 1979). La mirada crítica a la memoria histórica, las ansias de libertad, la lucha por la democracia, los conflictos sociales y las reflexiones sobre la existencia humana fueron los temas centrales de estas películas[5].

Espectadores de documentales en salas de cine[6]

Título del documental	Nacionalidad	Año	Espectadores
Canciones para después de una guerra	España	1976	830.794
El desencanto	España	1976	219.972
La vieja memoria	España	1976	57.543
La batalla de Chile	España	1976	96.177
Queridísimos verdugos	España	1977	124.375
Ocaña, retrat intermitent	España	1978	97.453
Mourir a Madrid (1962, en Madrid se estrena en 1978)	Francia	1978	343.616
Innisfree	España	1990	23.089
El sol del membrillo	España	1992	40.518
Sexo oral	España	1994	34.135
Después de tantos años	España	1994	28.389
Asaltar los cielos	España	1996	36.977
Buena Vista Social Club	Alemania	1999	114.381

5 Gil Puértolas (2008): "La producció documenal del nou mil·leni" en Marzal Felici y Gil Puértolas: *Eines per a la producció de video documental*. Benicarló: Onada, pp. 47-56.

6 Fuente: Base de datos de películas calificadas, Ministerio de Cultura: www.cultura.mecd.es, consultada el 30-12-2008.

Título del documental	Nacionalidad	Año	Espectadores
Calle 54	España	2000	67.921
Los niños de Rusia	España	2001	21.386
En construcción	España	2001	144.755
Balseros	España	2002	16.666
La casita blanca	España	2002	75.315
OT: La película	España	2002	351.306
Bowling for Columbine	EE.UU.	2002	496.760
Los espigadores y la espigadora	Francia	2002	23.587
Nómadas del viento	Francia/España	2002	130.519
La pelota vasca	España	2003	377.094
Ser y tener	Francia	2004	143.692
Fahrenheit 9/11	EE.UU.	2004	748.100
El cielo gira	España	2005	32.580
De Madrid a la luna	España	2006	41.825
Goodbye, America	España	2006	29.506
Llach: la revolta permanent	España	2007	31.489
Un objetivo recorre la Habana	España	2007	45.970
Tierra. La película de nuestro planeta	Reino Unido	2007	360.276

Durante la década de los ochenta, con escasas producciones –aunque muy dignas: *Dolores* (José Luis García Sánchez y Andrés Linares, 1980), *Cada ver es* (García del Val, 1981), *Vestida de azul* (Giménez Rico, 1983)–, las salas de cine fueron un desierto interminable para el largometraje documental. Mientras que en otros países, como Francia, Portugal o Argentina, se habían iniciado nuevos movimientos de cine documental, en España este género no interesaba ni a productores, ni a distribuidores, ni al gobierno, ni tan siquiera a la misma Academia. Como señalan Cerdán y Torreiro, "todo lo que no fuese cine de ficción continuó siendo un convidado de piedra en el banquete cinematográfico (audiovisual)".[7]

7 Cerdan, J. y Torreiro, C. (2001): "Entre la esperanza y el desaliento. Situación actual del documental en España", en *Imagen, memoria y fascinación. Notas sobre el documental en España*. Madrid: Ocho y Medio, pp. 139-151.

Resumiendo las tres décadas democráticas, con los primeros gobiernos (UCD y PSOE), la producción de películas documentales destinadas a ser estrenadas en las salas fue raquítica. Sin embargo, bajo las dos legislaturas de los gobiernos de Aznar –a pesar de una política cinematográfica inexistente y un fuerte control de los informativos de las televisiones públicas– se han incrementado el número de producciones y los éxitos recogidos en festivales internacionales. Con el primer gobierno de Zapatero se han incrementado las ayudas al documental y consecuentemente ha aumentado el número de producciones.

Durante la segunda legislatura socialista, la definitiva puesta en marcha de la Ley del Cine (sancionada el 28 de diciembre de 2007) y la profunda recesión económica son dos elementos que con toda seguridad van a condicionar muchos de los aspectos de la producciones cinematográficas españolas de los próximos años.

Pero, retrocediendo en el tiempo, los antecedentes más inmediatos al periodo 2001-2009 se encuentran en los cineastas que durante los años noventa cultivaron este género en un contexto industrial poco favorable, de los cuales destacaremos unos pocos nombres, como el propio José Luis Guerín (*Inisfree*, 1990), Víctor Erice (*El sol del membrillo*, 1992), Chus Gutiérrez (*Sexo oral*, 1994), Javier Rioyo y Luis López Linares (*Asaltar los cielos*, 1996), Fernando Trueba (*Calle 54*, 2000) y Ana Díez (*La mafia en la Habana*, 2000).

Con motivo del estreno de *Innisfree*, Guerín realizó unas declaraciones en las que reivindicaba lo que el llama "cine de naturaleza documental" en un momento en el que estos modelos híbridos de producción no gozaban de ninguna consideración por parte de la crítica ni de los espectadores: "Era preciso convencer al público que un documental puede ser interesante e, incluso, divertido. Porque un documental es, también, cine". Estas palabras, de 1990, son premonitorias del *boom* documental que ha tenido lugar una década después, aunque en aquel momento era difícil de predecir.

En este contexto, tampoco hay que perder de vista la influencia que han ejercido los largometrajes extranjeros que se estrenaron en las salas españolas durante los 25 últimos años del siglo XX, entre los cuales sobresale la película francesa *Mourir a Madrid* (1962) de Frédéric Rossif, estrenada en Madrid en 1978, un documental con materiales de archivo que supuso una nueva mirada sobre la Guerra Civil. Y al final el siglo, destaca un notable éxito artístico y comercial –considerando las limitaciones del género– del film musical alemán *Buena Vista Social Club* (Wim Wenders, 1999), que rescata del olvido a legendarios músicos cubanos.

De todo el heterogéneo conjunto de producciones documentales de los noventa, sin ser muy prolífica, hay que destacar dos especialmente, *El sol del membrillo* (1992) y *Asaltar los cielos* (1996), películas que ha tenido una influencia decisiva en las producciones realizadas durante el período del *boom* documental. Sólo un ejemplo: en 2004 se han estrenado en las carteleras españolas más largometrajes documentales que en toda la década anterior (1990-1999). Vamos a detenernos brevemente en estos dos films de los noventa porque responden a diferentes modelos de producción y porque son los dos primeros documentales españoles que llevaron a una respetable cantidad de público a las salas de cine (40.518 y 36.977 espectadores respectivamente) en la última década del siglo XX.

El sol del membrillo (1992), de Víctor Erice, es un film, realizado sin guión previo, que narra el proceso durante el cual el artista Antonio López trata de pintar unos membrillos en el preciso momento que el sol los ilumina a través de las hojas[8]. Para el panorama español, es una propuesta innovadora por la forma de producción y porque el espectador ejerce una mirada reflexiva sobre la poética del proceso creativo. El estilo cinematográfico, que Erice va definiendo desde *El espíritu de la colmena* (1977) y *El sur* (1992) y que culmina con *El sol del membrillo*, ejerce una fuerte influencia sobre José Luis Guerín y –a través de *En construcción*– inspirará a otros cineastas de la década siguiente, especialmente en el ámbito documental. En estas películas se utilizan estrategias que dejan que los personajes actúen sin una intervención (aparente) del director, cosa que hemos podido ver en otras películas como *Fuenteálamo, la caricia del tiempo* (Pablo García, 2001), *Polígono Sur* (Dominique Abel, 2003), *El cielo gira* (Mercedes Álvarez, 2004), *Aguaviva* (Ariadna Pujol, 2005), *La casa de mi abuela* (Adán Aliaga, 2005), *La leyenda del tiempo* (Isaki Lacuesta, 2006), *Estrellas de la línea* (Chema Rodríguez, 2006) o *Diario argentino* (Lupe Pérez García, 2006), muchas de ellas vinculadas al "documental de creación" de la Universitat Pompeu Fabra.

Con un tema histórico muy atractivo, José Luis López-Linares y Javier Rioyo realizaron *Asaltar los cielos* (1996), un largometraje documental que narra la vida del asesino de León Trotsky y las motivaciones que lo llevaron a cometer un magnicidio de estas características. El tándem formado por estos dos cineastas ha gozado de una trayectoria claramente dedicada a la producción de documentales y con esta película consiguieron lo que Josetxo Cerdán

8 SABORIT, J. (2003): *Guía para ver a analizar El sol del membrillo*. Valencia y Barcelona: Nau Llibres y Octaedro.

llama "el punto de inflexión para la visibilidad del documental en España"[9]. A través de la empresa Cero en Conducta[10], produjeron cuatro notables largometrajes que van más allá del mero documental de investigación o del documental sobre la memoria histórica. También con *A propósito de Buñuel, Extranjeros de sí mismos* (2000) y *Un instante en la vida ajena* (2003), esta empresa productora trató los materiales de la realidad como elementos narrativos utilizados habitualmente en la ficción. Desde el punto de vista de la producción, *Asaltar los cielos* supuso un minucioso trabajo, un guión con una laboriosa investigación previa y un exhaustivo plan de trabajo para reunir materiales de archivo (fotografías, películas, canciones, pinturas) y rodar entrevistas en localizaciones muy dispersas (Moscú, la Habana, Santiago de Cuba, México, Barcelona, París). *Asaltar los cielos* será un referente para los nuevos realizadores de la década siguiente que se adentrarán en la investigación histórica[11].

Aunque la lista de documentales estrenados en las salas españolas de los años noventa sea escasa, los títulos que hemos mencionado son los que dan paso a un renacimiento del género a partir del año 2001. En un texto premonitorio, Josetxo Cerdán y Casimiro Torreiro se referían al futuro inmediato del documental en los siguientes términos:

> El futuro es, pues, complicado para el documental en España, pero, creemos, el reto de la consolidación no deja de ser estimulante. Éste es el momento para no perder el tren principal en la carrera del audiovisual en la (nos guste o no) era de la globalización.[12]

En Construcción, estrenada ese mismo año, puede ser la punta de lanza de este "movimiento" que tomará fuerza y se consolidará definitivamente a partir de 2004 –tal como se había pronosticado en la cita anterior–, con un importante incremento anual de las producciones. El estreno en las pantallas españolas de *Bowling for Columbine* (2002) y la Palma de Oro de Cannes a *Fahrenheit 9/11* (2004), ambas de Michael Moore, ayudarán también al prestigio del documental.

En este mismo período se revitalizan los estudios de cinematografía en las universidades catalanas, que posteriormente se generali-

9 Cerdan, J. y Torreiro, C. (2005): *Documental y vanguardia*. Madrid: Cátedra, p. 356.

10 En referencia explícita al título *Cero en conducta* de Jean Vigo (*Zéro de conduite*, 1933) por su carácter trasgresor.

11 López Linares, J. L. y Rioyo, J. (1997): "Asaltar los cielos" en *Viridiana*, nº 17, septiembre 1997 (monográfico dedicado al cinema documental).

12 Cerdan, J. y Torreiro, C., *op. cit.* p. 151.

zan en otras universidades y centros docentes especializados. Cursos, talleres, postgrados y seminarios cubren una demanda creciente para formarse como productores y realizadores. Con una tradición precaria e intermitente en el campo de la producción de cine documental, no es extraño que tampoco existieran programas de formación específica para preparar profesionales en un género audiovisual que requiere de estrategias específicas y diferenciadas de la ficción clásica. Lo que en Francia era conocido como *documentaire de création,* empieza a tenerse en cuenta en el ámbito académico del Master de Documental de Creación, organizado por la Universitat Pompeu Fabra desde 1998, en el que participan cineastas como José Luis Guerín y Joaquim Jordà, uno de los pocos directores que ha cultivado regularmente un tipo de cine documental comprometido, rompedor y arriesgado hasta el final de sus días.

Aunque la denominación "documental de creación", por pretenciosa, no es aceptada por algunos autores, con ella se pretende reafirmar la autoría, el carácter artístico y la subjetividad del documental, según señala Guy Gauthier[13]. Se trata, pues, de un posicionamiento frente a las tendencias que se atrincheran en una supuesta objetividad de los medios audiovisuales, una gran falacia según la cual "ver" es "creer", una tendencia generalizada de fiabilidad[14] hacia las producciones de "no-ficción", que ha dominado determinados espacios y que, sin duda, no está exenta de intenciones políticas.

El reconocimientos explícito del carácter subjetivo del documental bajo el punto de vista del autor cinematográfico lo puso de manifiesto Jean Vigo cuando reivindicaba un cine social de naturaleza documental que perseguía revelar el espíritu de una colectividad a partir de gestos y manifestaciones físicas: "Este documental se diferencia del documental sin más y de los noticieros semanales de actualidades por el punto de vista defendido inequívocamente por el autor"[15]. En este sentido, el documental de creación se remonta, sin lugar a dudas, a la primera obra de Robert Flaherty (*Nanuk, el esquimal/Nanook of the North*, 1922).

En la actualidad, una parte importante de los largometrajes documentales –pertenecientes al auge que se inició en España a principios

13 Gauthier, G. (2008): *Le documentaire un autre cinéma*. París: Armand Colin, p. 214.

14 Según el *Informe Anual de la Profesión Periodística 2008* (Asociación de Prensa de Madrid), el 83% de los encuestados otorga el máximo grado de fiabilidad a la información de televisión.

15 Vigo, J. (1993): "El punto de vista documental. *À propos de Nice* (1929)" publicado en ROMAGUERA, J. y ALSINA, H. (eds.): *Textos y manifiestos del cine*. Madrid: Cátedra.

de este milenio– reivindican la esencia de las formas autorales que propuso Vigo cuatro décadas antes. Ante este hecho, Javier Marzal considera que, además de un valioso testimonio de nuestro tiempo, nos plantea importantes interrogantes acerca de la naturaleza del cine documental:

> Nos encontramos ante unos films documentales que nos proponen una reflexión sobre el estatuto de las representaciones en un mundo en el que no es posible pensar la realidad si no es a través de las imágenes[16].

El carácter reflexivo que advierte Marzal como novedad en el cine documental español de la primera década del siglo XXI tiene sus antecedentes en el "ensayo" que inaugura Chris Marker con *Lettre de Sibérie* (1958), una formulación planteada por André Bazin en torno al concepto de "punto de vista documentado": "Un ensayo documentado por el film. La palabra que importa aquí es "ensayo", entendida en el mismo sentido que en la literatura: un ensayo a la vez histórico y político, aunque escrito por un poeta"[17].

Aunque estemos de acuerdo con la esencia de la definición de Bazin, nos resulta insuficiente para aplicarlo a las producciones documentales contemporáneas. Sin embargo, Josep M. Català ha profundizado en la teoría acerca del film-ensayo como un dispositivo útil para procesar experiencias, reflexionar sobre ellas y sobre sus formas de producción y, finalmente, generar una conciencia en el espectador[18], referencias a las cuales volveremos en los próximos capítulos para centrar el marco epistemológico en el análisis de *En construcción*.

Desde una perspectiva historiográfica, *En construcción* significó el inicio de un *boom* del documental español, no sólo por el aumento del número de producciones sino por el hecho de que buena parte de estas películas se estrenara en salas de cine y por el reconocimiento internacional que han cosechado en importantes festivales cinematográficos.

Pero el auge del cine documental no es un fenómeno español, ni mucho menos, sino que se ha producido en otros países de Europa y Latinoamérica, mucho antes que en España, tal como señalan Guarini y Céspedes.

16 Marzal Felici, J. (2008): "Avatares de la mirada: estrategias enunciativas del cine documental español contemporáneo", en *Hispanic Research Journal*, vol. 9, núm. 2. Londres: Maney Publishing, p. 15.

17 Bazin, A.: "Chris Marker. Lettre de Sibérie", France–Observateur, 30 octubre 1958, publicado en Enguita, N.; Expósito, M. y Regueira, E. (2000): *Chris Marker: retorno a la inmemoria del cineasta*. Valencia: La Mirada, p. 36.

18 Català, J. M. (2005). "Film-ensayo y vanguardia" en Torreiro, C. y Cerdán, J. (eds.): *Documental y vanguardia*. Barcelona: Cátedra, pp. 109-158.

El documental de creación, denominación dada a este cine de autor, no sólo ha conseguido hoy llegar a despertar un interés cada vez mayor de público y productores, sino que ha concitado una inversión económica por parte de los estados y de privados nunca antes visto.[19]

2.2. Sobre el proceso de la producción

La primera edición del Máster de Documental de Creación, estudios de tercer ciclo de la Universitat Pompeu Fabra de Barcelona, en el que José Luis Guerín trabaja como profesor, fue el marco donde surgió la idea de producir la película que tres años después conoceríamos con el título de *En construcción*. Guerín, aceptó el encargo universitario de realizar un filme que se debía rodar en Barcelona. La localización no era totalmente nueva, ya que *City Life* (1990) se rodó en su ciudad natal, pero chocaba con la mirada curiosa del viajero que Guerín reivindica, que ha situado las localizaciones de sus películas, casi siempre, fuera de su ciudad: *Los motivos de Berta* (1984), en Segovia; *Innisfree* (1991), en Irlanda; *Tren de sombras* (1997), en Normandía y Barcelona, *En la ciudad de Sylvia* (2007) en Estrasburgo y *Guest* (2010), en Jerusalen, La Habana, Nueva York, París y Venecia.

> A mí me gusta mucho la mirada del viajero –siempre hablo de ello–, me parece que es una mirada más sensible, más atenta a las cosas. Con la cotidianidad, a fuerza de transitar por nuestra calle, entramos en una especie de alienación y acabamos por no ver nada. A veces, lo más útil de un viaje es que eres capaz de observar cosas que están en tu propia calle y te obligan a replanteártela. Yo intenté recuperar la psicología del viajero, hice una maleta y durante mes y medio estuve habitando en distintos hostales de ese barrio[20].
>
> Si con el encargo me viene impuesta una manera de mirarlo no lo acepto. El tema me daba igual, cuando los productores hablan de un tema, te dan un ámbito, porque en realidad lo ha de descubrir tu mirada[21].

Guerín aceptó realizar una película de encargo porque desde el principio le garantizaron la libertad de asumir el proyecto como propio. La propuesta universitaria incluía la colaboración de alumnos matriculados en el Máster. Estos estudiantes podían ser profesionales

19 Guarini, C. y Céspedes, M. (1995): "Mirar las mismas cosas de una manera diferente", en *Cine-ojo. El documental como creación*, Valencia: Filmoteca de la Generalitat Valenciana, pp. 11-13.

20 Guerín J. L., conferencia inédita: "Nociones sobre el cine y la libertad". Universitat Jaume I, Castelló de la Plana (24-04-2004).

21 Bonadies, A.: "Conversación con José Luis Guerín", en *El universal.com*, consultado el 15/05/2004 (www.noticias.eluniversal.com/verbigracia).

de los medios audiovisuales, licenciados en Comunicación Audiovisual o en Ciencias de la Comunicación y, por supuesto, interesados en formarse como promotores de proyectos, realizadores o productores de documentales.

> Ésa es una condición *sine qua non* para comprender la naturaleza del proyecto porque es una película hecha en complicidad íntima con ese grupo de seis estudiantes, a lo largo de tres años. Es muy difícil que puedas contar con la complicidad de técnicos profesionales durante tres años. Muy difícil, no: muy caro[22].

Los alumnos que participaron, si bien carecían de una experiencia profesional, sí disponían del tiempo necesario para un tipo de producción que requiere una convivencia del equipo con los personajes y en su hábitat "natural". Como ya hizo Flaherty con los esquimales de la bahía de Hudson para realizar el emblemático *Nanuk, el esquimal* (*Nanook of the North*, 1922), una producción que se desarrolló durante dos años, aunque realmente hay una preparación de nueve años conviviendo con los esquimales, un largo periodo que, sin pretenderlo, se convirtió en un provechosa "investigación previa" y proceso de autoaprendizaje que dio buenos resultados en la posterior producción[23]. En ambos casos, los honorarios que las productoras respectivas hubiesen tenido que pagar a un equipo profesional, por muy reducido que fuera el número de sus componentes, hubiese hecho económicamente inviables las producciones respectivas.

> *En Construcción* es fruto del encuentro y la relación con un equipo necesariamente joven, necesariamente cómplice y necesariamente reducido. Varios meses antes de rodar nos reuníamos, veíamos películas y charlábamos sobre ellas. En torno a esas charlas se fueron gestando cuestiones del tipo: ¿cómo filmaremos a las personas?, ¿en qué situaciones?, ¿a qué distancia?, ¿cómo extraer o capturar el momento revelador, bello, significativo?, ¿cómo debemos relacionarnos con las personas que filmamos? Y también, ¿cómo relacionar a esas personas con esas otras personas que serán los espectadores? Este proceso necesitaba tiempo. Hoy no hay tiempo. Al dictado de la televisión, el tiempo es el gran becerro de oro[24].

Guerín eligió el barrio de Barcelona donde quería rodar, pero el tema de la construcción lo decidió el responsable de la institución universitaria (supuestamente Jordi Balló) sobre un listado de veinte temas. La construcción, sin embargo, era uno de los temas que más

---

22 Guerín, J. L.: DVD, "En construcción, Un país de cine 2". Madrid: *El País*.

23 Barnouw, E. (1996): *El documental, historia y estilos*. Barcelona: Gedisa, pp. 35-37.

24 Declaraciones de Guerín a *Voz interior*, Diputación de Málaga (2002): "José Luis Guerín. Realidad y ficción" (www.dpm-cultura.org), consultado el 24-08-2006.

atraía a Guerín, no por el tema en sí, sino por la metáfora que de la construcción se puede urdir.

> La construcción para mí era una idea muy atractiva. Esa imagen de Torre de Babel, la conformación de culturas, de gentes de las procedencias más diversas: extremeños, asturianos, andaluces, gallegos, polacos, marroquíes, paquistaníes... Yo creo a pies juntillas que cuando un productor te da un tema, en este caso, la construcción, en realidad no te da un tema, te da un ámbito. El tema lo tienes que encontrar tú con una mirada libre. Hay una división entre lo que podríamos llamar el tema patente, el tema obvio como es la construcción, y otro que es el latente que subterráneamente acaba apropiándose de la película. Eso sucede en casi todos los grandes documentales. Muchas veces los mejores documentales son producto de un encargo como es el caso de mi película[25].

Nunca podremos saber si con otro tema, la realización del documental de encargo hubiese sido tan satisfactoria como lo ha sido *En construcción*. Nunca lo sabremos. Lo que sí es cierto es la fuerte implicación del equipo de Guerín con el ambiente y especialmente con los personajes, hasta el punto de que esa apropiación de los materiales captados por la cámara y la poética de su puesta en escena han convertido a personajes que merodean la marginalidad en dignos protagonistas de un relato capaz de emocionar a miles de espectadores.

En la vertiente técnica, la introducción de los equipos digitales en la producción audiovisual se ha ido generalizando poco a poco, especialmente en los rodajes de documentales, ya que ofrece una serie de ventajas que posibilitan muchas de estas producciones. Los equipos ligeros, los alquileres económicos y la inmediatez del vídeo hacen viables películas que no lo serían si se tuviesen que filmar en negativo de 35 mm., aunque las texturas del cine y las del vídeo son muy diferentes, el cineasta deberá optar por una o por otra, según la estética que desee para su película y según el presupuesto disponible.

> Es muy importante elegir bien las herramientas cuando haces una película. De la misma manera que un escultor si trabaja sobre bronce, sobre madera, sobre mármol va a tener resultados muy diversos. Yo recurrí a la cámara digital para hacer *En Construcción* porque si no, no podía visibilizar lo que tenía que visibilizar. Yo empecé a rodar la película en cine, en 16 mm. Pero enseguida vi que esa herramienta no nos servía. Además, era un momento en el que no existía el cine digital. Yo no había visto películas realizadas en vídeo, era el año

25 Guerín, J. L., *op. cit.*

98 cuando empezamos. La única experiencia que conocía eran las escenas que rodó Víctor Erice en *El sol del membrillo*[26].

Como ya hemos señalado anteriormente, el proceso duró tres años –un periodo muy largo para una producción–, de los cuales el primer año se dedicará a conversar con las personas, a conocerlas y ganarse su confianza, lo que conocemos como trabajo de "documentación e investigación" previa[27] que Guerín resume de forma muy particular:

> Un año es el tiempo que empleo en todas las películas para inventármelas, organizar la producción, conseguir dinero, ver las televisiones que entran y aproximarme al tema, conocer a la gente, charlar, convivir con ella, vaciar hemerotecas y libros. Pero sobre todo la charla es irremplazable como punto de partida, no sólo para un documental sino para cualquier película. El cine que me interesa surge como un gesto de curiosidad por el mundo, hacia el mundo, de la relación con los otros, como esto que estás haciendo tú, ir hablando con un casete con distintas personas y pensar sobre lo que te dicen[28].

El guión en el proceso de producción de una película tiene múltiples funciones, que responden a los múltiples criterios y a las diferentes formas de entender la producción cinematográfica. El guión sólo es un medio para llevar a la práctica las ideas que al final del proceso se convertirán en historias contadas con imágenes y sonidos. El fin –en este caso– puede justificar el medio empleado. El guión efectivamente es una herramienta para el director y el resto del equipo para llevar a buen puerto cualquier producción audiovisual, pero también es un instrumento para el control.

En el cine clásico encontramos ejemplos de directores que han trabajado el guión de formas muy distintas. Alfred Hitchcock era partidario de planificar bien todas las películas y se vanagloriaba de no leer nunca el guión mientras rodaba ya que se lo sabía completamente de memoria. En el rodaje de *Los pájaros* (*The birds*, 1963), llevó a cabo improvisaciones porque había encontrado "imperfecciones"[29]. Esto nos da una idea del minucioso trabajo previo que desarrollaba, dibujando los encuadres y los movimientos de cámara y de actores. El rodaje era sólo una fase del proceso

26 Fernández, C. y Molina, A.: "Conversación con José Luis Guerín", publicada originalmente en la revista *Cabeza Borradora*. num 3, Madrid. (www.pulpmovies.org/entrevistas/Guerín.html, 24-08-2006).

27 Rubio, A. (2008): "La documentació i investigació del tema", en Marzal Felici, X. y Gil Puértolas, L.: *Eines per a la producción de video documental*. Benicarló: Onada, pp. 79-84.

28 Bonadies, A., *op. cit.*

29 Truffaut, F. (1993): *El cine según Hitchcock*, Madrid: Alianza, pp. 248-249.

que consistía en transferir la historia del papel al celuloide. En el otro extremo, Charles Chaplin sólo describía de forma simple las situaciones y los motivos que iba a rodar dejando margen a la interpretación azarosa de los actores.

El modelo de producción de *En construcción* se asemeja más a las formas de Chaplin. Con el material rodado se va descartando y construyendo la estructura secuencial de la película a medida que se va rodando el material. Con el visionado en la sala de montaje, aprovechándose de los diálogos y de las interpretaciones que la cámara ha captado de forma imprevista, se van articulando las acciones de los personajes, la relación entre ellas, las secuencias.

> El cine suele concebirse como la ejecución de un plan previsto. Yo quería ir descubriendo la película que estaba haciendo, de tal modo que íbamos alternando fases de rodaje con fases de montaje. En el montaje analizábamos las secuencias como se van formando, el desarrollo de los personajes, y eso nos permitía, en ese análisis sobre la mesa de montaje, programar, prever posibles líneas de rodaje posteriores. Esa alternancia de rodaje y montaje sería lo que vendría a suplir la idea del guión. Porque la película, siendo de naturaleza documental, tiene una estructura, una secuencialidad, una relación de causas y efectos que la hacen muy similar a la narrativa de una película de ficción[30].

El guión es también un elemento de control de la producción que ejercen las empresas e instituciones que financian el proceso y, por tanto, tienen la potestad de saber qué se va a hacer con su inversión. Un guión cerrado al estilo de Hitchcock da mucha más seguridad a un productor que un bosquejo en una hoja de papel. La función del texto escrito como mecanismo de fiscalización es lo que Guerín critica e intenta rehuir. Sin embargo, no siempre ha tenido la oportunidad de trabajar libremente, ya que en *Los motivos de Berta* (1983), su primer largometraje, tuvo que rodar con un guión cerrado.

> En la actualidad, se vive un control despótico, un sometimiento del cine a una noción del guión muy restrictiva, no tanto como herramienta de trabajo para crear una película, sino como control económico e ideológico. Cuando se dan cursos sobre guión, ese fantasma está planeando constantemente. La cuestión es la siguiente: ¿estamos haciendo un guión verdaderamente como principio creativo y activo de una película o estamos escribiendo un guión para seducir a una comisión de televisión, a un Ministerio de Cultura, o a los de Telefónica? Es uno de los motivos por los que, últimamente, me he sentido más cómodo en las modalidades del documental porque es más fácil esquivar ese control tan terrible del guión de dramáticos[31].

30 Guerín, J. L: DVD, *op. cit.*

31 Guerín, J. L: conferencia *op. cit.*

Si no existe un guión previo, tampoco existen los diálogos escritos para que los personajes los interpreten. Preguntado sobre esta cuestión, Guerín afirmó que todos los diálogos de *En construcción* fueron improvisados por los personajes y él sólo se limitó a seleccionarlos.

> ¿Cómo hacer para que afloren diálogos tan bellos como los de esta película? Por una parte, está el criterio de selección de personajes, de conocerlos, de saber cómo piensan, y no sólo los escoges por lo que tengan de fotogénicos o emblemáticos sino, sobre todo, por el juego dramático que te pueden permitir en la relación con los otros. De esa confrontación va a surgir la puesta en escena[32].

Si en *En construcción* hay una característica formal que lo aleja del reportaje televisivo es la forma en que interactúan los personajes. Generalmente, se les nota ajenos a la presencia de la cámara y prescinden de la mirada al "entrevistador", que los interpela desde fuera de campo. En cualquier caso, la puesta en escena consiste en dar coherencia discursiva a los elementos de la acción descritos en el guión; en los casos en que el guión previo no existe, trata de crear situaciones que den juego delante de la cámara, precisamente aquéllas que anteriormente han sido investigadas y se estima que tienen un valor dramático por ellas mismas o relacionándolas con otras. Frente a la técnica clásica de la puesta en escena, Guerín se inclina por una *puesta en situación.*

> Creo que en el caso de *En construcción* he utilizado una serie de estrategias y mecanismos cinematográficos que hacen que antes de hablar de puesta en escena prefiera hablar de "puesta en situación", que consiste en crear una serie de pequeñas circunstancias que generan la aparición de una situación reveladora[33].

La puesta en situación no deja de ser una variante de la puesta en escena tradicional, un concepto que Guy Gauthier cita directamente de Laurent Chevallier, el cual se expresa de forma muy similar a la de Guerín:

> No me gusta el término "puesta en escena". A pesar de todo, la puesta en escena está muy ligada a un lugar y a un tipo de trabajo artístico preciso sobre algo que ha sido imaginado, escrito. Está relacionado con un decorado natural, con unos personajes reales que viven situaciones reales. No es la puesta en escena, sino más bien la puesta en situación[34].

---

32 García, J., *op. cit.*

33 *Ibídem.*

34 Gauthier, G. (2008): *Le documentaire un autre cinéma*. París: Armand Colin, p. 146, citando a Chevallier, L. (1992): «Entretien» *11 propos de Djembefola, Le Mensuel du Cinéma*, núm. 1, novembre-décembre (la traducción es nuestra).

La interactividad que se da entre los personajes y los diálogos provocadores que desarrolla Abdel Aziz El Mountassir con sus compañeros nos hizo pensar que el albañil magrebí era un actor colocado por Guerín para actuar de gancho, tirando de la lengua a sus compañeros y animando el diálogo.

> Yo no puse a nadie de fuera. Conté con la complicidad del encargado de obras y le pedí que pusiera al peón marroquí con el albañil gallego. Me parecía que era un binomio muy interesante, me recordaba a Don Quijote y Sancho Panza, un gran idealista confrontado a la negación absoluta, y era interesante la situación que se creaba entre los dos.[35]

Es lógico que las personas que tienen el estatuto de personaje dentro de la película tengan un documento firmado que evite conflictos en relación a los derechos de imagen. Sin embargo, un aspecto que irritó a Guerín fue la exigencia por parte del equipo de producción de pedir "autorizaciones" por escrito a la gente que espontáneamente se acercaba a la localización que se estaba rodando, personas que Guerín se disponía a filmar aunque después tuviesen una presencia reducida en la película. Esto sucedió en el lugar donde aparecieron los esqueletos de origen romano que después se convirtió en la secuencia 6 (*Todo el mundo cabe en el mismo agujero*).

> Hay una escena en la película muy importante para mí, en la que aparecen unos restos humanos en la obra y se agolpa todo el vecindario hablando sobre esos restos humanos. El productor me envió a un chico: "Tenemos que identificar a cada persona que filmas para interrumpir antes de que hable y que firme..." ¡Eso lo anula todo! Tuve una disputa con el productor y le dije que no iba a hacerlo. Si hay problemas, se quita la escena. O vamos a juicio o lo que sea. Luego, no ha habido ningún juicio, ninguna persona ha pedido nada... Esto trajo enormes tensiones con los productores, no con las personas filmadas[36].

La puesta en situación que utiliza Guerín requiere muchas horas de filmación, no porque haya que repetir escenas sino porque, con el tiempo, los personajes se olvidan de los condicionamientos de la cámara, se reinterpretan a sí mismos y desatan sus ganas de expresarse y dejarse oír.

> Durante los dos años siguientes tuvimos que formar parte del paisaje, que se acostumbraran a las cámaras, y esa es la forma de que todo parezca natural sin usar cámara oculta, que era lo que nunca quisimos hacer. La gente que aparece en la cinta son realmente personajes de ficción, porque en el momento en que desempeña

35 Guerín, J. L., *op. cit.*

36 Ibídem.

> un papel, tratas la imagen, condensas experiencias y manipulas el montaje, estás creando auténticos personajes[37].

La puesta en situación viene a ser una aplicación especial para los documentales de observación del "método de trabajo documental". Tal como lo propone Gómez Tarín, el método de trabajo documental consiste en documentar y argumentar un discurso sobre la realidad existente a partir de un profílmico[38]. También deja claro que el documental es un "método de trabajo" y no una forma de expresión fílmica específica y diferenciada de la ficción.

> El trabajo se desarrolla a partir de un profílmico que tiene su propia existencia y que, habitualmente, será poco o nada manipulado por parte del ente enunciador. En cualquier caso, lo que es evidente es que, desde una perspectiva de pleno respeto a la existencia previa de un profílmico natural o, todo lo contrario, desde un proceso de plena manipulación del mismo, el ente enunciador ha de tomar una serie de decisiones que afectan directamente a la composición de ese profílmico y, desde luego, a su configuración[39].

El método de trabajo documental es aplicable a diferentes tipos de documentales (interactivos, expositivos, reflexivos) y sistemas formales narrativos y no narrativos (categoriales, retóricos, abstractos). Sin embargo, la puesta en situación es una característica especial de los documentales observacionales.

En lo que se refiere al rodaje, durante los dos años que duró se filmaron aproximadamente unas 120 horas en Betacam digital en el barrio barcelonés del Raval. Eso supone muchas horas de visionado, muchas más de montaje y, por supuesto, una predisposición a descartar muchos fragmentos que podrían servir para montar otra película sobre el mismo tema.

> La renuncia, aunque dolorosa, es una parte esencial del cine. Prefiero desarrollar las secuencias –creo mucho en la secuencia larga– que trocear todo y que haya lugar para muchas pequeñas cosas. A mí me gusta mucho la evolución espacio-temporal de los personajes en un sentido casi teatral. Por eso me centro en unos pocos personajes, aunque a veces me asalta la idea de que los mejores momentos han quedado fuera[40].

37 Martín, A.: entrevista a J. L. GUERÍN: "El barrio Chino barcelonés es una metáfora de todas las ciudades del mundo", Web: www.terra.es, 29-09-2001.

38 Entendemos como profílmico el espacio situado ante la cámara en el momento del rodaje y el conjunto de los elementos contenidos en él.

39 Gomez Tarin, F. J. (2008): "La narrativa audiovisual en el gènere documental" en, Marzal Felici, X. y Gil Puertolas, L.: *Eines per a la producció de video documental*. Benicarló: Onada, p. 102.

40 García, J., *op. cit.*

Tanto la puesta en situación como el montaje son esenciales para determinar el tipo de discurso que se quiere construir. Más allá del tipo de soporte audiovisual (vídeo o negativo cinematográfico), el cine de naturaleza documental que hace Guerín –contrariamente al reportaje de investigación periodística– se caracteriza por presentar un tipo de discurso que invita a la reflexión, que deja espacio al espectador para que interprete la realidad y descubra las formas del propio discurso.

> Si queremos que el cine sea de verdad un medio de comunicación, se debe respetar ese espacio del espectador para que sea invitado a ser co-realizador de la película y sólo ahí concluye la experiencia de una película: en la mente activa del espectador. Si no, no se cierra realmente el círculo. En ese sentido, el cine de consumo procede de una manera cada vez más agresiva con el espectador en cuanto que le usurpa completamente su espacio y lo trata únicamente como consumidor que debe devorar cine rápidamente, y olvidar lo más rápidamente posible para estar en condiciones de volver a consumir. Son estatus bien distintos: el del consumidor y el del espectador[41].

Trabajar sin guión previo es una técnica que ha utilizado el cine documental tradicionalmente y es una característica que lo diferencia del cine y el vídeo de promoción institucional (industrial, de empresa, turístico, de propaganda política, de relaciones públicas), que necesita de un control de sus contenidos. El documental sin guión previo, sin embargo, se beneficia de una libertad de creación que no permiten otros géneros cinematográficos.

El montaje del material filmado sin guión hace necesario elaborar a posteriori un "guión de montaje" o un montaje "sobre papel"[42]. En estos casos, el procesado de todas las tomas de cámara tendrá un tratamiento similar al material de archivo, aunque sea reciente. Se trata de un material con el que se articula un discurso y que, en principio, no tenía prevista su posición en el montaje final y es susceptible de adoptar múltiples formas de combinación.

El proceso se inicia descartando todo el material filmado que –por diferentes motivos– no interesa; después se diseña una estructura narrativa; a continuación, se destina cada fragmento a una parte concreta de la estructura, se establece un orden y se determina la banda sonora. El guión sólo estará finalizado cuando deje de serlo y se convierta en la película montada y sonorizada.

41 Fernández, C y Molina, M., *op. cit.*

42 Rabiger, M. (1987): *Dirección de documentales*, Madrid, IORTV, pp. 114.

2.3. La distribución y exhibición

Pocos son los datos económicos y comerciales de que disponemos para este análisis –como dijo Julio Pérez Perucha en el II congreso de Análisis Fílmico, en la Universitat Jaume I de Castelló de la Plana–; este tipo de información forma parte de una "materia obscura" que los productores se resisten a facilitar a los estudiosos del cine contemporáneo. Además de los textos fílmicos, los datos económicos son necesarios para analizar el contexto de la producción y las repercusiones socio-económicas de los productos audiovisuales. Desgraciadamente, en muchas ocasiones, nos tenemos que conformar con los datos oficiales, los que se han publicado en los medios especializados y en las páginas *web* de las instituciones que han subvencionado la producción.

Es bien sabido que los presupuestos de las películas se suelen hinchar para poder arañar una ración mayor al montante total de las subvenciones oficiales. El cine como industria sucumbe a las servidumbres empresariales y está sometido a las normativas legales del sistema. Una de estas servidumbres sale a la luz con el incidente entre Guerín y el productor, a propósito de las autorizaciones sobre el uso de la propia imagen de las personas que eran filmadas, algo cada vez más generalizado que dificulta enormemente los rodajes documentales en espacios públicos donde el componente azaroso posee un carácter significativo.

Con los datos disponibles podemos constatar que *En construcción* marcó un antes y un después en el ámbito artístico y comercial. Con los galardones conseguidos en el Festival de San Sebastián y el premio Goya al mejor documental, el estreno de *En construcción* se convirtió en un éxito sin precedentes para un documental español. El productor Antonio Camín, de la empresa Ovideo TV, justificaba a posteriori los motivos del éxito: "La sorpresa de *En construcción* se produce de forma inmediata, a partir del momento en que el público, sea de donde sea, comprende la historia y le interesa".[43] Efectivamente, aunque el tema esté ubicado en un espacio muy concreto de la ciudad de Barcelona, el paisaje humano que dibuja y las historias personales que cuenta tienen una lectura universal. Esto explica que la película se mantuviera en cartel durante más de cinco meses, no sólo en las salas barcelonesas, sino también en Madrid principalmente.

La película se exhibió con 12 copias para todo el territorio y llegó a 144.755 espectadores, con una recaudación de 692.651,34

43 Entrevista con Antoni Camín, productor ejecutivo de OVIDEO TV: "En construcción, esa mezcla perfecta entre una buena historia y un planteamiento industrial" publicado en *Media*, abril 2002, p19.

euros. Esto significa, sin lugar a dudas, un importante éxito de taquilla dentro del panorama del cine documental en España; más todavía si tenemos en cuenta que no se apoyó en ninguna importante campaña publicitaria. La principal promoción fue el "boca-oreja" de los espectadores que iban viendo la película y la limitada repercusión en los medios que sólo tuvo cierta incidencia a partir de los primeros galardones mencionados, especialmente en los Goya.

Tal como están las cosas, el éxito en las salas depende de la posibilidad de permanecer en cartel sin ser desplazada por la película americana de turno, con notables campañas de promoción previas al estreno. El boca-oreja sólo puede funcionar si la película está en los cines y, en la mayoría de los casos, éstas desaparecen antes de que funcione dicha forma de comunicación interpersonal.

La producción de *En construcción* salió con una financiación básica asegurada, con un presupuesto de 554.080,63 euros. Al proyecto se unieron las instituciones de los tres ámbitos administrativos: recibió una subvención para el estreno y explotación de 95.585 euros –una ayuda que otorga la Generalitat de Catalunya a los largometrajes cinematográficos a través del Institut Català de les Indústries Culturals (ICIC) que en 2003 destinó un 25 % del total (3.337.307€) al género documental–; el Instituto de la Cinematografía y de las Artes Audiovisuales (ICAA) aportó una ayuda a la producción de 323.577 euros, y el Programa MEDIA de la Unión Europea colaboró en la distribución con 50.000 euros. Las dos televisiones que se interesaron por la adquisición de los derechos de antena fueron Televisió de Catalunya, S.A. (150.253 euros) y Canal + España, S.A. (72.120 euros)[44].

Sin embargo, en lo que se refiere a la venta internacional para su distribución en salas –a pesar de los diversos reconocimientos en los periplos internacionales, con los premios obtenidos, y a pesar del enfoque universal de la historia–, sólo ha sido comprada por distribuidores argentinos. Un caso parecido sucedió con *Balseros* (2002), con toda una nominación al Óscar al mejor documental. Esta sorprendente cerrazón, más allá de las fronteras, ocurre con todo tipo de documentales de diferentes temáticas y diferentes géneros. Tal como señala el estudio auspiciado por el Institut Català d'Indústries Culturals, el problema radica en que los distribuidores cinematográficos de cada país prefieren programar documentales autóctonos que, según creen, gozan de mayor audiencia[45].

44 Datos facilitados por OVIDEO TV SA al autor.

45 CDA y ICIC (2006): *Estudi: El mercat documental a Catalunya, a Espanya i a Europa*, p. 68

El éxito comercial en España y el reconocimiento en los festivales nacionales e internacionales fue determinante para el desarrollo de proyectos documentales posteriores y para impulsar en un momento decisivo lo que se ha dado el llamar el *boom* del documental. Aunque en algunas instancias de la industria cinematográfica no se quiera reconocer este "renacimiento" del cine documental, existen datos suficientes que corroboran este fenómeno, no sólo por el aumento de las producciones de largometrajes documentales sino por el reconocimiento que algunas de ellas ha tenido en los certámenes cinematográficos internacionales.

3. Sinopsis

En el Raval, un barrio popular del centro de Barcelona que se ve afectado por un plan de rehabilitación urbana, se emprende la demolición de antiguas viviendas para construir un nuevo bloque destinado a gente de un nivel económico más alto del que gozan sus antiguos vecinos. La película nos muestra los avatares de la construcción del edificio, las anécdotas de encofradores y albañiles y su relación con los habitantes habituales del barrio: pobres, mendigos, inmigrantes, prostitutas, drogadictos y jubilados. El derribo y la construcción del nuevo edificio –junto a una pequeña iglesia románica del siglo X y sobre una necrópolis romana– se erige como personaje y como metáfora de las transformaciones derivadas de la vida y del transcurso del tiempo.

El arranque de la película nos presenta una serie de imágenes documentales en blanco y negro del esplendor del barrio, industrial y cercano al puerto, en la primera mitad del siglo como un lugar de entretenimiento y diversión. Ya en el planteamiento se manifiesta la multiculturalidad cuando, en los cimientos del edificio, se descubre un enterramiento de origen romano, alrededor del cual desfilan los medios de comunicación, arqueólogos, arquitectos y gentes de todo tipo, de diferente clase social y de diversas procedencias geográficas.

Sobre el paisaje urbano se dibujan diferentes situaciones y un rico paisaje humano a través de los diálogos y la interacción entre los personajes.

Un joven encofrador entrecruza miradas con una vecina a quien le pide salir. Un albañil marroquí, idealista de izquierdas, no para de proponerle temas de debate con fondo sociopolítico y de transcendencia filosófica a un gallego realista, alcohólico y de carácter pesimista.

Un mendigo y antiguo marino mercante presume de lo que "sabe" y de lo que "posee" ante jubilados con pocos posibles y otra gente de la calle. Una pareja de jóvenes drogodependientes, sin casa, sin objetivos de futuro, intentan sobrevivir recurriendo a la prostitución de ella. Un par de albañiles sientan cátedra sobre las técnicas arquitectónicas de las antiguas pirámides egipcias y el templo románico. Es decir, un abanico de situaciones personales y niveles sociales que, en algunos casos, se ubican en la marginalidad más absoluta.

En el otro extremo sociocultural –y como indicadores de una economía especulativa que ha acumulado capital para invertir en viviendas de lujo– se sitúan los compradores de los nuevos pisos que, aunque políticamente correctos, se manifiestan en términos muy despectivos hacia la realidad del barrio. Los compradores que visitan los nuevos pisos acompañados de una agente comercial son el último eslabón del proceso de urbanización especulativa y el contrapunto social a los personajes anteriores.

El propio José Luis Guerín firma una sinopsis muy personal de la película, en un número especial que la revista MEDIA dedicó a *En construcción*:

> En un emblemático barrio popular, amenazado por un plan de reforma se emprende la construcción de un bloque de viviendas. Queríamos conocer la intimidad de una construcción, así que nos metimos ahí, cuando ese espacio era todavía un solar donde los chavales jugaban a fútbol. Sobre este terreno buscamos la forma de convivir, conocer y rodar -así, por este orden- que nos permitiera abordar tanto el anecdotario de la propia obra como el que ésta generaba a su alrededor; en esa cotidianidad quebrada por el estruendo de los derribos, entre sus vecinos, en el barrio (de hecho la imagen del barrio se concretó en la del puñado de rostros que a nuestros ojos lo representaban). En este proceso, pronto advertimos que la mutación del paisaje urbano implicaba también una mutación en el paisaje humano y que en este movimiento se podrían reconocer ciertos ecos del mundo. Sobre estos cimientos construimos una película.[46]

46 Guerín, J. L.: "Especial *En construcción*" en *Media*, abril 2002, p. 2.

4. LA ESTRUCTURA DEL DOCUMENTAL

Primera parte (28 minutos y 52 segundos):

Prólogo	1.	Títulos de crédito
	2.	Imágenes de archivo
	3.	Título: Cosas vistas y oídas
Planteamiento	4.	*El barri és nostre*
	5.	No hagas caso de la gente
	6.	Todo el mundo cabe en el mismo agujero

Segunda parte (80 minutos y 34 segundos):

Desarrollo	7.	Había mulatas guapísimas
	8.	Sólo nos traen para trabajar
	9.	Hasta luego, guapa
	10.	Las cosas cuando hay que hacerlas, hay que hacerlas
	11.	Además, moro
	12.	Juego de niños
	13.	Esto no es lo mismo sin ti
	14.	Si que está fuerte el niño
	15.	Tierra de faraones
	16.	El alma va por dentro
	17.	¡Hay cada uno, nena!
	18.	El capitalismo no durará tanto
	19.	Esas cosas sólo te pasan a ti
	20.	Bajo nieves como éstas
	21.	La soledad te machaca mucho
	22.	No hay cosa más elegante que los millonarios
	23.	Maitechu mía

Tercera parte (16 minutos y 5 segundos):

Desenlace	24.	Que no tiendan ropa en el balcón
Epílogo	25.	Un paseo a caballito

Tramas de la película

Grupos de personajes que articulan las tramas		Secuencias en la que están presentes
A	Prostitutas del barrio Chino	2, 4, **6**, 9 y 17
B	Atar y sus amigos	4, **6**, 7, 15, 22 y 23
C	Juana e Iván	**6**, 11, 14, 17, 19 y 25
D	Juan Manuel y Sonia	5, **6**, 13, 8, 10 y 14
E	Juan López, los albañiles y los niños	4, 5, **6**, 10, 12, 14 y 16
F	Abdel Aziz, Santiago Segade y Abdelsalam	**6**, 8, 12, 18, 20 y 23
G	La agente inmobiliaria y los nuevos vecinos	24

Como podemos ver en el esquema, encajar la estructura de *En construcción* en el modelo aristotélico de las tres partes (planteamiento, desarrollo y desenlace) ofrece algunas resistencias que conviene señalar. Es precisamente la peculiaridad de la estructura respecto al modelo clásico lo que hace interesante esta película de Guerín.

En principio, observamos que se trata de una narración coral con siete tramas, que corresponden a otros tantos grupos de personajes principales (ver cuadro de tramas). Los diferentes grupos de personajes coinciden en determinadas secuencias, pero esa coincidencia es fruto del montaje y no porque sus acciones interfieran entre ellas. Es decir, que sus vidas transcurren de forma paralela y el único elemento común que comparten todas ellas es el espacio, el barrio Chino.

Sin embargo, la peculiaridad de *En construcción* no radica en la coralidad de su estructura narrativa, ya que ésta ha sido ya utilizada en novelas y en películas memorables como *La colmena* (1951) de Camilo José Cela o *La vaquilla* (1985) de Luis G. Berlanga, cuyos personajes se van relacionando a lo largo de la narración.

La originalidad de la cinta de Guerín consiste en que las diferentes historias de cada uno de los personajes se desarrollan de forma paralela y sin apenas contactos entre ellos. Por ejemplo, los tres personajes con una mayor presencia en la película –Juan, el encargado; Juana, la yonqui, y Atar, el indigente– no tienen ninguna relación entre ellos y ni siquiera aparecen juntos en ningún plano. Juana (C) aparece sólo con las prostitutas (A) y en la secuencia mas concurrida (secuencia 6), pidiendo trabajo al responsable de la excavación arqueológica de la necrópolis. Juan (E), por su cuenta, es el que más se relaciona con el resto de personajes, con los albañiles, con los niños, con su hijo Juan (D) y con Abdel Aziz, el albañil marroquí (F). Atar (B), aparte de su comentario en la secuencia del descubrimiento del cementerio, no tiene ningún otro contacto con ninguno de los personajes principales. Finalmente, la vendedora de pisos y sus clientes (G) no comparten espacio con ninguno de los anteriores, ni siquiera en la secuencia más común, cuando en los cimientos de la obra que pretenden habitar aparecen los esqueletos. Esta falta de coincidencia no es una casualidad, es una marca de distinción sociocultural: por una lado, los trabajadores y marginados y, por otro, los nuevos moradores con capacidad financiera. Se trata de la suma de historias fragmentadas que, con el elemento común del barrio, crean y desarrollan un microcosmos claramente definido.

Este tipo de estructura de "vidas paralelas" que desarrollan sus acciones sin interrelacionarse nos recuerda a memorables películas como *La ventana indiscreta* (Alfred Hitchcpck, *Rear Window*, 1954) en la que la vida cotidiana de cada vecino aparece de forma fragmentada (la solterona soñadora, el pianista atormentado, el matrimonio de la terraza, el presunto asesino de su pareja) con un elemento común que las une: la mirada del fotógrafo voyerista (James Stewart) que los observa a través del objetivo de su cámara y de las ventanas del patio común.

Otro ejemplo significativo de coralidad paralela, muy distinta pero más próxima en el tiempo, es *Vidas cruzadas* (*Short Cuts*, Robert Altman, 1993), compuesta por diferentes historias que transcurren por separado, sólo que a medida que avanzan hacia el final, las acciones se entrelazan.

Este tipo de coralidad, si bien se da en narraciones cinematográficas contemporáneas, como los ejemplos que hemos mencionado, en el caso de *En construcción* se presenta de una forma ciertamente original. En la película de Guerín apenas existe un entrelazado de las acciones. Como mucho, se dan simples coincidencias y no al final, como ocurre en los casos anteriormente citados, sino casi al principio. Es en el planteamiento de la película cuando los personajes congregados alrededor de la necrópolis romana coinciden en un espacio común. Esta coincidencia, en un mismo escenario, se construye a partir de la yuxtaposición de diferentes planos donde vemos una gran variedad de personajes, entre los cuales se encuentran los protagonistas. Se trata de una sola situación formada por la suma de fragmentos y muy similar a la composición de un retablo religioso que reúne diferentes puestas en escena alrededor de una atracción necrófila. Precisamente esta secuencia es la que sirve de planteamiento para una película que reflexiona sobre la vida y el paso del tiempo.

Otras películas posteriores, situadas en ambas vertientes de la ficción, atienden a esta estructura de tramas paralelas: *Balseros* (Carles Bosch y Josep M. Domènech, 2002), con personajes que buscan un porvenir mejor y llegan a finales muy dispares, frustrantes para una mayoría y medianamente satisfactorios para pocos; *Suite Habana* (Fernando Pérez, 2003), que narra de forma paralela los quehaceres cotidianos de distintas individualidades en una misma ciudad, o la oscarizada *Crash* (Paul Hagáis, 2004), que presenta un mosaico humano de diferentes etnias, con conflictos raciales, en cuyos finales se entretejen unas acciones que comparten espacios comunes.

La historia principal que estructura *En construcción* se desarrolla a través de las diferentes fases que sufre el edificio en obras (el edificio como personaje), desde el derribo hasta la venta de las nuevas viviendas a los nuevos inquilinos, todo un proceso que pasa por la excavación de los cimientos, el levantamiento de los encofrados, la tabiquería y el acabado de las viviendas. Esa mutabilidad del espacio habitado (ocupas, obreros de la construcción, vendedora, clientes) condiciona definitivamente lo que transcurre, tanto en su interior como en el entramado urbano del barrio.

El conjunto de historias mostradas transcurren a lo largo de los dos años del rodaje, con numerosas elipsis temporales que reducen la película a dos horas y cinco minutos de proyección. El tiempo de la historia coincide aproximadamente con el tiempo de rodaje. Sin embargo, la historia que protagonizan los personajes humanos que habitan ese espacio es circular, sin principio ni final. Mientras el paisaje urbano se transforma, los personajes siguen deambulando en busca de un espacio propio. Ese itinerario sin fin se sintetiza en el simbólico plano-secuencia del final, con Iván subido a caballo de Juana. Se trata de un final abierto que augura un futuro incierto para sus protagonistas. Los antiguos habitantes del barrio son desplazados por unos nuevos: Juana, Iván y Atar seguirán buscando refugio para pasar las noches, Sonia se traslada a vivir a otro barrio (Poblenou) y los albañiles buscarán trabajo en las obras de cualquier otro PAI[47] barcelonés.

47 PAI: Plan de Actuación Integrada que pretende urbanizar una zona determinada de un municipio.

Estos personajes no sufren una transformación a lo largo del relato, lo que sí se transforma es el espacio que habitan. Es así como el edificio se muestra como personaje cambiante. El narrador nos lo anticipa de forma explícita en el texto sobreimpreso del principio: "... la construcción de un nuevo inmueble en *el Chino*, un barrio popular de Barcelona que nace y muere con el siglo". Por tanto, ésta es la historia del un barrio que "nace y muere" y se transforma en otro nuevo. Con esto podemos diferenciar dos estructuras que se superponen: una lineal para narrar la historia del edificio y otra circular para relatar las historias de los personajes humanos.

Otra cuestión que complica el análisis estructural es la falta de relación causa-efecto entre gran parte de las diferentes situaciones que presenta la obra, por lo que el orden de las secuencias podría intercambiarse sin que ello afectara substancialmente al resultado final. No obstante, reconocemos una serie de personajes (principales) que se repiten en diferentes secuencias y protagonizan distintas situaciones. Se trata, pues, de pequeñas historias que se alternan y crean la sensación de simultaneidad en una obra coral.

La misma estructura narrativa que hemos diseccionado en los tres actos clásicos, también podemos identificarla y catalogarla como un sistema de organización correspondiente a la forma "categorial" de los sistemas formales no-narrativos que definen David Bordwell y Kristin Thompson:

> Las películas categóricas, como su nombre indica, dividen un tema en partes o categorías. En nuestra hipotética película, la tienda de comestibles sería el tema en general. Podríamos reconocer la tienda y filmar cada una de las partes, mostrando qué tipos de cosas contiene la tienda. Podríamos presentar la sección de carnes, la sección de verduras, las cajas registradoras y otras partes de la tienda[48].

En el documental que nos ocupa, a la estructura clásica de las tres partes se superpone un sistema formal propio del cine no narrativo. Sin embargo, es prácticamente imposible establecer de forma estricta sistemas formales puros, de manera que generalmente los documentales presentan combinaciones de las diferentes formas.

En el caso de *En construcción* podemos distinguir como categorías los diferentes grupos de personajes, encabezados por un personaje principal, las acciones de los cuales están ordenadas de manera que se alternan entre ellas formando un tipo de tramas. Las categorías que configuran las tramas corresponden a los diferentes tipos de personajes: prostitutas, indigentes, residentes de edificios antiguos, albañiles,

48 Bordwell, D. y Thompson, K. (1995): *El arte cinematográfico*. Barcelona: Paidós, pp. 102-103.

niños y compradores de viviendas nuevas (ver el esquema anterior con las tramas de la película). A través de este conglomerado de grupos de personajes y sus historias se estructura el discurso global del film. Estos grupos o categorías de personajes se relacionan dentro del sistema narrativo a través de siete tramas (A, B, C, D, E, F y G) que, mediante el montaje, van entrelazándose y ligando los diferentes fragmentos.

El elemento común que los cohesiona y les da sentido es el espacio del barrio que comparten y el tiempo en el que se simultanean las historias. Precisamente ese espacio compartido, real y figurado, se pone en evidencia en la secuencia de la necrópolis romana que se ha descubierto en los cimientos del edificio en construcción, donde todos observan y opinan.

A pesar de la complejidad y resistencia a los modelos reconocidos podemos distinguir tres partes en la estructura de *En construcción*:

I) *La primera parte* es bastante más larga de lo que suele ser habitual en el cine institucionalizado (28 minutos y 52 segundos). En su interior podemos diferenciar dos subpartes: el prólogo y el planteamiento propiamente dicho.

- *El prólogo* incluye unas imágenes de archivo, en blanco y negro, para anticipar al espectador el contexto histórico y la actividad tradicional del barrio del Raval, cercano al puerto de Barcelona y dedicado principalmente a la prostitución y eufemísticamente a "actividades lúdicas para clientes masculinos". Este bloque que abre la película desempeña una función integradora, ya que reúne una serie de indicios que nos anticipan información sobre esas actividades del barrio que posteriormente veremos desarrolladas.
- Sólo a partir del título, con las imágenes en color, podemos considerar que estamos en *el planteamiento* del tema de la película, que nos presenta a algunos de los personajes (albañiles, indigentes) y sus actividades. Esta presentación incompleta culmina en una de las secuencias más ricas e interesantes de la película (*7. Todo el mundo cabe en el mismo agujero*), en la que confluyen casi todos los personajes alrededor del descubrimiento de la necrópolis romana. Decimos que estos seis fragmentos corresponden a una presentación incompleta porque hay personajes significativos como Santiago Segade y Abdel Aziz que no aparecen hasta bastante más tarde, en la octava secuencia (*8. Sólo nos traen para trabajar*), al igual que la agente inmobiliaria y sus clientes que solamente vemos en la penúltima secuencia de la película (*24. Que no tiendan ropa en el balcón*).

II) *La segunda parte, el desarrollo* (80 minutos y 34 segundos), queda estructurado en diecisiete secuencias, compuestas por una o varias escenas, como unidades de espacio y tiempo, que representan otras tantas situaciones protagonizadas por los personajes principales. Entendemos como "puesta en situación" las estrategias de puesta en escena que no surgen a partir de un guión previo sino de la creación de las condiciones entre los personajes seleccionados para que entre ellos se produzca una interacción y surja una acción significativa. Tanto los personajes protagonistas como las escenas que protagonizan han sido detectadas –normalmente– durante el trabajo de investigación previo al rodaje y son la materia prima del montaje. Esta estrategia cinematográfica consiste en lo que hemos llamado "puesta en situación", que no es otra cosa que la puesta en escena de los diferentes grupos de personajes en su propio medio. Entre escena y escena, Guerín inserta varios planos sin personajes principales que muestran la actividad o el paisaje del barrio. Son imágenes de transición que suspenden temporalmente la narración y nos sitúan en el contexto espacial y temporal de la secuencia que preceden.

III) *La tercera parte* (16 minutos y 5 segundos) se reduce a dos secuencias. La primera es el *desenlace* propiamente dicho, donde aparecen por primera y única vez la agente inmobiliaria y sus clientes, los nuevos vecinos que van a ocupar el edificio restaurado. Éste es un final cerrado para la narración lineal que protagoniza el edificio como personaje. Sin embargo, la película incluye un *epílogo,* como recapitulación desligada de la historia principal, que deja abiertas las historias que personifican los siete grupos humanos (ver esquema de tramas). Este último fragmento es un plano-secuencia (un *travelling* de retroceso) con dos personajes principales jugando a un "paseo a caballito", un final en movimiento, abierto a otras historias cotidianas de la misma índole de las que hemos "visto y oído".

Recapitulando sumariamente este complejo apartado, podemos afirmar que a la estructura clásica de las tres partes se superpone el sistema categorial propio del cine no narrativo. Sin embargo, es prácticamente imposible establecer de forma estricta sistemas formales puros, de manera que generalmente los documentales presentan combinaciones de las diferentes formas. En el caso de *En construcción* podemos distinguir como categorías los diferentes grupos de personajes, las acciones de los cuales están ordenadas de manera que se alternan entre ellas formando un tipo de tramas que discurren de forma paralela y se cohesionan a través del espacio que comparten (el barrio).

5. Análisis de la película

5.1. Primera parte

5.1.1. Prólogo

5.1.1.1. Títulos de crédito

0h. 00' 00"

Con los títulos de créditos, letras blancas de palo sobre fondo negro, oímos el graznar de las gaviotas y el silbido de sirenas de barco, un sonido ambiente propio de un puerto que se seguirá repitiendo como *leitmotiv* a lo largo de la película. La primera imagen es en blanco y negro, se trata de una panorámica de derecha a izquierda[49], un sentido de escritura contrario al propio de la cultura occidental. Este primer indicio avisa al espectador de que no se encuentra frente a una película convencional. La panorámica muestra el puerto de una gran ciudad y termina con unas chimeneas de fábricas que se funden con otro plano más cercano con más chimeneas y postes eléctricos. Tanto la imagen de las tres chimeneas como los sonidos portuarios son un *leitmotiv* de carácter situacional que nos remite a un tiempo pasado, entre los siglos XIX y XX, de una ciudad industrial. Se trata de Barcelona. En los créditos hemos leído: "Un film iniciativa del Master de Documental de Creación de la Universitat Pompeu Fabra (Barcelona)".

5.1.1.2. Imágenes de archivo

0h. 00' 49"

Continuamos con imágenes de archivo, en blanco y negro, de una calle de la ciudad muy transitada por peatones, con gran actividad comercial, niños jugando, grupos de vecinos y vecinas charlando, transeúntes arriba y abajo. Por la forma de vestir y los peinados de las mujeres podrían ser imágenes rodadas en los años cincuenta o sesenta del siglo pasado. En los planos siguientes vemos una actividad que nos hace sospechar que en el interior de algunos edificios se practica la prostitución: dos parejas, dos hombres y dos mujeres, salen de un edificio donde leemos "Habitaciones", van en fila, uno detrás del otro y al salir se separan; en el interior de un portal, una fila de mujeres sentadas y bien compuestas, otras de pie en la esquina de la calle y

49 Según los títulos de crédito, las imágenes en blanco y negro de introducción proceden de dos películas: *Sin la sonrisa de Dios* (J. Salvador, 1955) y *El alegre Paralelo* (E. R. Freixas, 1960) y de imágenes tomadas en 8 mm por Joan Colom (1959).

hombres que se dirigen a ellas; una pareja camina de espaldas a la cámara que les sigue en panorámica. Hasta aquí hemos visto imágenes diurnas y exteriores de la actividad de un barrio dedicado a la prostitución, a finales de los años cincuenta.

Un plano general de un comercio repleto de gente con rótulos de neón (Bodega Apolo) nos muestra un lugar nocturno de entretenimiento de la época. A continuación, con una iluminación propia de la madrugada, un soldado marinero, uniformado, camina tambaleándose por las calles. La cámara lo sigue por la espalda con movimientos azarosos, evidenciando que se trata de una filmación amateur[50]. Sin embargo, los cuatro planos que forma esta secuencia del marinero están montados en continuidad, con un calculado *raccord* de movimiento como signo enunciativo que nos advierte de un cuidado trabajo profesional, alejado del amateurismo que en un principio podemos deducir por la textura de la imagen. El marinero se adentra en un espacio más amplio, las avenidas de la ciudad donde transitan diferentes tipos de vehículos. Vuelve el sonido ambiente portuario de las gaviotas.

0h. 01' 55"

5.1.1.3. Título y "cosas vistas y oídas"

Por corte brusco de imagen y sonido pasamos al color de una filmación actual. En la banda sonora, los golpes rítmicos de los tacones de una señora caminando sobre el pavimento anticipan el paso de una mujer que cruza la pantalla. Unas palomas picotean la comida del suelo. Sobre el fondo de un muro con *graffitis* aparece sobreimpresionado el título de la película: *EN CONSTRUCCIÓN*, un rótulo en mayúsculas, minimalista, con caracteres de palo recto y color negro que aparece y desaparece con dos fundidos encadenados. A continuación, un rótulo del mismo estilo tipográfico sitúa al espectador en parte del contexto temporal y espacial, con el siguiente intertítulo: *Cosas vistas y oídas durante la construcción de un*

50 Por la textura de las imágenes podemos deducir que se trata de una filmación en 8 mm, cuya autoría hay que atribuir a Joan Colom, rodadas en 1959.

nuevo inmueble en el Chino, un barrio popular de Barcelona que nace y muere con el siglo. Gracias a este grafismo inicial el espectador conoce el nombre del barrio donde va a desarrollarse la historia y el marco temporal aproximado: el barrio Chino de Barcelona a finales del siglo XX. También nos indica, desde el inicio, un posicionamiento de la enunciación frente a lo que nos va a mostrar a partir de ahora. Con la frase "cosas vistas y oídas..." apunta a la parte constitutiva de cualquier relato audiovisual y, más concretamente, a la actitud observacional que adoptará el narrador (meganarrador[51]) a lo largo de una historia "mostrada y contada".

Se trata de una marca enunciativa del meganarrador, un texto sobreimpreso a través del cual se manifiesta la voz omnisciente que anticipa el comienzo y el final de la historia del barrio Chino: "*que nace y muere con el siglo*". Pero todavía nos facilita más información entrelíneas: "*el Chino, un barrio popular de Barcelona*"[52], no es el nombre oficial, pertenece a los inframundos de la ciudad de Barcelona y no figura como tal en las guías oficiales. Este detalle advierte al espectador de que está asistiendo a un punto de vista muy alejado de "lo institucional", que nada tiene que ver con los proyectos de remodelación urbanística del Ayuntamiento progresista, ni con la propaganda institucional que los acompaña. Es, sin embargo, una mirada mucho más cercana a los ambientes descritos por Manuel Vázquez Montalbán y frecuentados por sus emblemáticos personajes, el detective privado Pepe Carvalho, su ayudante Biscuter y su novia Charo[53].

Un detalle nos acerca a uno de los *graffitis* del muro, nueve ojos humanos dispuestos en tres filas de tres; nueve ojos mirando a la cámara, a la cámara que mira. Se trata de una referencia metadiscursiva, al igual que el rótulo del inicio ("cosas vistas y oídas..."). No podría ser de otra forma: una película muestra cosas visibles y cuenta cosas bajo formas audibles. Son los ojos inamovibles del edificio que mira, un detalle antropomórfico que nos advierte

51 El meganarrador es el autor implícito de la narración, un narrador omnisciente situado fuera del relato que toma las decisiones en función de la historia que pretende contar.

52 En la *Tourist Guide Barcelona* sólo figura como barrio de "el Raval" y, entre otros eufemismos, advierte a los turistas de ser "zona donde se encuentran los carteristas y otros tipos de ladrones".

53 Personajes literarios creados por Manuel Vázquez Montalbán que han protagonizados algunas de sus novelas como, por ejemplo, *Los mares del sur* (1979) y su homónima versión cinematográfica (Manel Esteban, 1991).

de la existencia de un peculiar personaje: el edificio que observa y es observado. A este plano le suceden otros tres planos de detalle con un elemento en común: las palomas levantando el vuelo. Las palomas no son más que uno de los habitantes urbanitas que viven de las migajas que desprenden otros, más o menos como alguno de los personajes que veremos en este documental. Los otros dos planos (rimados por el *raccord* de movimiento del vuelo de las aves) son de un cartel publicitario del Ayuntamiento de Barcelona (en el dibujo del cartel vemos una gran avenida con árboles) anunciando las obras de urbanización de un nuevo espacio público. El diseño gráfico se contradice con las calles estrechas del barrio barcelonés del Raval donde está localizada la película. ¿Cuántas manzanas de viviendas del barrio habrá que derribar para conseguir una avenida como la que nos muestra el anuncio? Esta publicidad institucional es también una amenaza que se cierne sobre el actual entramado arquitectónico del barrio. Es el anuncio de una muerte sobre la cual renacerá un ave fénix con árboles y fabulosas avenidas.

Un *graffiti* sobre el cartel –"asco de Peri"– muestra la disconformidad de su autor con el diseño urbanístico, una voz crítica que evidencia el posicionamiento ideológico de la enunciación fílmica y el carácter no institucional del documental que estamos viendo. En un detalle del anuncio municipal podemos leer el periodo de ejecución de las obras, el año "1998", un dato que sitúa también el año de la producción.

En esta secuencia, sólo a través de los textos verbales escritos, visuales, podemos observar tres voces, a saber: la del narrador omnisciente que se pone en evidencia mediante el rótulo sobreimpresionado de "cosas vistas y oídas...", la voz de la institución municipal a través de las vallas publicitarias de la obra, y la voz de la resistencia vecinal a los planes urbanísticos que se manifiesta y se expresa con pintadas en las paredes.

5.1.2. Planteamiento

0h. 02' 49"

5.1.2.1. El barri és nostre

Con el sonido solapado de una moto (en el interior del barrio no circulan automóviles) y un plano general de una calle del barrio, desde fuera de campo aparece uno de los personajes principales, Atar. La luz inclinada del sol y las vestimentas denotan las primeras horas de una mañana de invierno. Atar saluda a unos vecinos y al equipo de filmación que se sitúa detrás de la cámara. Nadie responde a sus saludos. "No terminé de explicarles bien el asunto", insiste. "Buenos días", repite, y añade el saludo en inglés: "Good morning". Este saludo al equipo de rodaje nos indica el grado de complicidad entre ambas partes. Si bien en la ficción no suele ocurrir, en el documental es bastante habitual encontrar estos signos de complicidad. En *Nanuk, el esquimal* (*Nanook of the North*, Robert J. Flaherty, 1920) encontramos gestos similares entre el protagonista y Flaherty[54]. Estos gestos dirigidos al fuera de campo y en un ángulo cercano al eje del objetivo de cámara denotan no sólo una complicidad sino una intervención del cineasta con lo que se ha acordado, como mínimo, la posición y la acción del personaje. Sin embargo, el monólogo que pronuncia el personaje es muy poco probable que figurase en el "guión", por lo que podemos afirmar con seguridad que el personaje es el autor (enunciador) de su discurso oral.

Atar se acerca a la cámara mientras va hablando, pasa de un plano general a uno americano y sale del encuadre. La cámara no se mueve para seguirlo y reencuadrarlo. Desde el fuera de campo, se oye su voz en *off*, haciendo referencia a sus viajes como marino mercante. De perfil a la cámara, en un plano más cerrado, sigue explicando sus estrambóticas ideas sobre urbanismo, sobre construcción, sobre cultura, sobre cosmopolitismo. Su discurso nos avanza que se trata de una persona con trastornos psicóticos. El antiguo marino mercante sigue con su monólogo, ahora sobre los Fondos de *conexión* europea, según él. A su alrededor, cruzando el eje de la cámara, transitan viandantes (casi todos son gente mayor) que se percatan de que ese personaje que habla solo está siendo filmado por una cámara, otra huella enunciativa que denota la naturaleza documental del rodaje.

La inmovilidad de la cámara ante un personaje que "se escapa" del encuadre, dejando que éste se sitúe fuera del campo de visión del espectador, pone en evidencia un precepto autoimpuesto por el narrador. Los encuadres estáticos se convierten en uno de los estilemas más significativos, una regla que sólo se rompe con el último plano de la película.

Mientras, Atar, en su monólogo, hace una referencia a "la juventud sin educación", a través de un montaje alternado de insertos de imagen, aparecen dos jóvenes que intercambian algún producto en la

54 Gil Puértolas, L. (2002): "El model narratiu del documental Nanuk l'esquimal" en Setenes Jornades de Foment de la Investigació. Castelló de la Plana: Universitat Jaume I: www.uji.es/bin/publ/edicions/jfi7/nanuk.pdf.

calle y, en otro plano general, una joven sentada sobre un bolardo tomando el sol y unos perros jugando. En la pared del fondo una pintada dice: "Derribos no, rehabilitación sí". En otro *graffiti* con dibujos, leemos: "El barri és nostre" y un símbolo del movimiento *okupa*, mientras en primer término un joven con bicicleta conversa con otro. Otros dos señores mayores, en plano americano, comentan algo sobre la obra que se ve al fondo. La mayoría de las personas que transitan por la calle son ancianos, obreros, jóvenes marginales y *alternativos*. Guerín nos está mostrando muy sutilmente la existencia de una oposición crítica hacia la demolición de edificios antiguos para sustituirlos por otros de nueva construcción.

Los obreros lanzan con gran estruendo marcos de puertas, muebles y trozos de paredes al vacío. Las vallas cercan los solares de los edificios derribados por la piqueta. Los gritos, avisando de los lanzamientos, y el sonido de la caída de los cascotes ponen de relieve el carácter irreversible de la primera parte del proceso urbanizador. En un muro del derribo vemos otra vez, en un plano de detalle, el símbolo *okupa*: un círculo cruzado en diagonal por una flecha quebrada y apuntando hacia arriba.

Pero no todo es destrucción, la vida sigue en el barrio. Juana e Iván juegan al fútbol con un transexual, unos niños y un perro en un solar desescombrado del barrio. Una escena futbolística de 17 planos, construida con la yuxtaposición de planos en continuidad espacial, utilizando las salidas fuera de campo del balón y el recurso de planos de detalle insertados entre los planos medios y generales. Esto presupone haber estado filmando durante un tiempo y repitiendo los mismos tipos de jugadas filmadas desde diferentes ángulos y con diferentes encuadres. A partir de esa variedad de material rodado en planos fijos, incluso saltando el eje cuando es necesario, el montaje supone un encaje de bolillos para conseguir borrar la sutura entre planos teniendo en cuenta las relaciones de causa-efecto, entre el que chuta el balón y el que lo recoge.

Juana, Iván y el transexual exhiben sus piruetas frente a la cámara. En una pared lateral del solar vemos el cartel del ayuntamiento que anuncia las obras de urbanización, en el que podemos leer: "Projecte cofinançat en un 85% pel Fons de Cohesió de la Comunitat Europea", enunciado al que hacía referencia anteriormente el comentario de Atar, aunque equivocaba el término, *cohesión* por *conexión*. Un efecto cómico (suponemos que improvisado) que suele ser bastante efectivo para provocar la risa del espectador y nos da una pincelada de la pedantería del personaje como rasgo de su carácter.

Los Fondos de Cohesión que anuncian las vallas publicitarias pretenden ser un instrumento de ayuda a los Estados miembros de la Unión Europea para "reducir las disparidades económicas y sociales". Paradójicamente, en el barrio barcelonés del Raval, no parece que los "económicamente más desfavorecidos" sean los beneficiarios del nuevo urbanismo que publicitan las instituciones, la voz del poder.

Seguimos viendo más obras derribadas a base de pico y, entre un derribo y una nueva construcción, asoma la espadaña de una iglesia de estilo románico[55] (entre los efímeros edificios de un siglo de existencia, emerge una construcción que ha sobrevivido a los avatares de mil años de historia). También en esa jungla del pico y la pala, entre las casas que están derribando, vemos en primer término un balcón con ropa tendida. Este es un signo en forma de bandera que nos indica que la vida cotidiana cohabita con los derribos en un mismo espacio. Se trata de la resistencia urbana frente a la desolación.

Una mujer de espaldas con un niño en brazos observa las obras. En el interior de esta casa, se escucha la radio que habla de una "violación del espacio aéreo". Son las noticias de una emisora que contextualiza la historia en el marco internacional y establece un paralelismo entre los conflictos locales de un barrio y los de ámbito mundial. En definitiva (como veremos), se trata en ambos casos de "violaciones de espacios".

Desde el interior de una casa en ruinas, vemos y oímos gritar a los obreros del derribo a través del cuadro de una ventana. Los espectadores también observan a los obreros trabajando, de forma fragmentada, a través de los marcos de las ventanas. El audio de la siguiente escena se solapa sobre la imagen: escuchamos a Juana e Iván enzarzados en una discusión sobre si el padre de éste es cojo o no (parece ser que el padre de Iván quedó inválido en un accidente). El hecho de que Iván evada la contestación le confiere un carácter reservado, introvertido y parco en palabras. Frente a él, Juana es extrovertida, parlanchina, decidida y burlona. Esta pareja de drogodependientes, que intenta sobrevivir en las habitaciones abandonadas del barrio, forma parte del variopinto colectivo de protagonistas que van desfilando por la pantalla.

55 Se trata de una iglesia románica del siglo XIII, Sant Pau del Camp, un tesoro arquitectónico de la ciudad de Barcelona, cuya imagen recurrente servirá de contrapunto a los edificios modernos que se construyen en el barrio.

Hablan de sus familias respectivas mientras se lían un canuto. Iván no se ha criado con su madre biológica, cuyo paradero desconoce, sino con su madrastra. "No es madre la que pare", aseveración que suscriben ambos. Juana se refiere a su madre, cuyo retrato lleva tatuado en la espalda, con mucha admiración y cariño. Iván acaricia el dibujo. Un plano de detalle nos lo muestra. De la conversación se desprende que llevan varios meses sin pagar el alquiler y se encuentran en una situación penosa. Mientras la pareja está acariciándose, somnolientos por el efecto de hachís, comentan cuál es su situación como inquilinos. El casero los quiere echar y Juana dice: "Si no nos vamos de la casa, embargan a mi madre".

Tanto ella como él pertenecen a lo que actualmente se conoce como una familia desestructurada, son unos marginados sociales que, sin embargo, viven bien integrados en "el Chino", "su" barrio marginal. Iván cuenta de su padre que le cortan la corriente eléctrica en su casa y procura conectarla de forma fraudulenta: "El día que hagan una revisión de luz, a mi padre se lo llevan preso. Lleva dos años viviendo en esa casa y todavía no ha pagado la luz".

En un edificio en derribo, los obreros pican en la misma pared que les aguanta suspendidos. A través de una grúa, vemos las tres chimeneas[56] de planta cilíndrica que habíamos visto al principio, en las imágenes de archivo en blanco y negro; ahora las vemos en color, limpias, brillantes y sin echar humo. Las chimeneas, con luz y color, muy diferentes a como las hemos visto antes, son imágenes reiterativas que actúan de motivo conductor y ayudan a cohesionar el discurso cinematográfico desde un punto de vista espacial y conceptual.

Anochece en la ciudad. Sobre el horizonte destaca el perfil de tres grúas de obra y tres torres de edificios antiguos. El sonido portuario de las gaviotas revoloteando vuelve a estar presente sólo en la banda sonora, como al inicio de la película.

A través de los edificios en derribo, vemos, recortado por ventanas y paredes, el ambiente nocturno del barrio: coches que circulan, los rótulos del Teatro Apolo y –por

56 Conocidas como las Tres Ximeneies, son restos de fábricas que se han conservado e integrado en el nuevo urbanismo de la ciudad de Barcelona, vestigios de la sociedad industrial del XIX.

corte– la misma zona del barrio tenuemente iluminada por la luz del amanecer. Los obreros continúan con su trabajo, los vecinos del barrio también prosiguen con sus tareas matutinas.

A través de los marcos de las ventanas, que encuadran cuidadas composiciones fragmentadas, vemos a los trabajadores del derribo y, por la noche, los ambientes nocturnos del barrio. Se trata de sobreencuadres que hacen explícita la huella enunciativa y ponen en evidencia la construcción del propio film, proponiendo al espectador elementos para que reflexione sobre esta cuestión.

Esta mirada nos recuerda a la del protagonista de la *Ventana indiscreta* (*Rear Window*, Alfred Hitchcock, 1954), el fotógrafo voyerista encarnado por James Stewart, que a través de los marcos de las ventanas sitúa al espectador en el mismo punto de vista del personaje que observa los movimientos de sus vecinos. Es lo que Genette define como "focalización interna múltiple", ya que el mismo acontecimiento (los obreros trabajando o la actividad nocturna, según el caso) se evocan en distintas ocasiones según el punto de vista de diversos personajes[57] (la madre con el bebé en brazos o Juana, a la que escuchamos hablando fuera de campo). Este concepto narratológico de Genette, aplicado al cine por Jost y Gaudreau, viene a ser una "ocularización interna primaria" porque sugiere una mirada "enmarcada" que se construye "directamente mediante la interpretación de un *caché* que sugiere la presencia *en perspectiva* de un ojo"[58]. El marco de la ventana es el *caché* que pone en relación al personaje, al espectador y al narrador bajo un mismo punto de vista óptico.

En cualquier caso, dado que estas relaciones enunciativas suelen ser bastante complejas y generan distintas nomenclaturas que no siempre llegan a aclarar las situaciones concretas, nos adherimos al reto que asume Gómez Tarín en el sentido de "buscar una tipología restringida que apueste por la gradualidad y permita desarrollar los diversos criterios en los análisis específicos de los textos audiovisuales"[59].

En el inicio de esta secuencia, Guerín nos introduce tres elementos (uno de ellos sonoro) que actúan de *leitmotiv* de la película, a saber: las tres chimeneas, el Teatro Apolo y, en la banda sonora, el

57 Rimmon, S. (1994): "Teoria general de la narració: Figures III de Genette i l'estudi estructuralista de la narració" en Sullà, E.: *Poética de la narració*, Barcelona: Empúries, p. 170.

58 Jost, F. y Gaudreault, A. (1995): *El relato cinematográfico*. Barcelona: Paidós, pp. 139-140.

59 Gómez Tarín, F. J. (2008): "Saber y mirar. Propuesta de reformulación de los conceptos de focalización y ocularización en los discursos audiovisuales", en *Actas del Congreso Internacional Fundacional de la Asociación Española de Investigación de la Comunicación*, Santiago de Compostela, CD-ROM.

graznido de las aves marinas, elementos que ya hemos visto y oído en la primera parte (planteamiento) y que volverán a aparecer en secuencias posteriores.

La escena de Juana e Iván se ha desarrollado alternando planos medios con primeros planos y un plano de detalle, lo que nos indica la cercanía del equipo de rodaje y algo más que una buena predisposición de los dos personajes para interpretar una escena íntima, con diálogos muy personales que implican a sus familias respectivas. Esta pareja será, dentro del coro, la principal protagonista de la película: dos jóvenes enganchados a la droga, procedentes de familias desestructuradas, que viven en la calle y subsisten de lo que Juana gana prostituyéndose. Esto es sólo el inicio de la parte más cruda y despiadada de la historia.

En esta secuencia de planteamiento, sobre todo en los planos que contextualizan la historia, ocurre algo parecido a lo que José Luis Guarner comenta a propósito de *Te querré siempre* (*Viaggio in Italia*, Roberto Rossellini, 1953): "una curiosa sensación de dilatación del tiempo, como si la película hubiese empezado antes. No asistimos al comienzo de una historia: llegamos simplemente a algo que estaba ya en marcha, como sucede en la vida real"[60]. Estamos, pues, ante un planteamiento abierto donde los espectadores descubrimos el carácter de los personajes, pero donde el conflicto dramático es algo que ya ha ocurrido, es anterior a la diégesis, pertenece a la historia familiar de los personajes.

0h. 11' 35"

5.1.2.2. No hagas caso de la gente

Si antes hemos visto a unos obreros demoliendo construcciones, ahora vemos a ferrallistas y encofradores construyendo estructuras. Pedro Robles, el ferrallista que más tarde intervendrá en otras acciones, engancha hierros con unos alicates y, al fondo, tendiendo la ropa en su balcón, vemos a Sonia, una chica adolescente que llamará la atención del joven encofrador.

El audio se anticipa al grupo de obreros que, después del almuerzo, cantan *a capella* un fragmento de un bolero. En el grupo destaca por su voz Pedro Robles, acompañado del resto de compañeros:

No hagas caso de la gente,
sigue la corriente y quiéreme más.
Si yo pudiera algún día
remontarme a las estrellas
conmigo te llevaría
a donde nadie nos viera
No hagas caso de la gente,
sigue la corriente y quiéreme más,

60 Guarner, J. L. (2006): *Roberto Rossellini*. Madrid: Fundamentos, pp.83-84.

que si esto es escandaloso
es más vergonzoso no saber amar[61].

Se trata de una canción que esboza de forma metonímica una historia de amor no admitida por su entorno social. En el grupo de trabajadores que almuerzan y cantan está presente Juan Manuel López, encofrador e hijo del encargado. De repente, su padre, con dos fuertes palmadas y el grito de "Vamos, vamos, que viene la máquina", rompe el momento de asueto de los obreros. Simultáneamente al trabajo de los albañiles, los vecinos siguen con su vida.

Esta escena del almuerzo, la canción y las palmadas finales del encargado forman parte de una situación que el cineasta ha creado porque –probablemente– conocía muy bien. Es una situación que se repite, a la hora del almuerzo, todos los días y con los mismos personajes. Guerín, como consecuencia de la información conseguida en la investigación previa, preparó la tomas de cámara y de sonido conociendo el lugar, los personajes y lo que suelen hacer cada día. El equipo de producción, preparado a partir de toda la información investigada con anterioridad, sólo ha tenido que disponer la cámara y los micrófonos y esperar a que se produjese lo previsto y –quizá– alguna cosa imprevista. Un tipo de estrategia que también aprovecha el cine observacional contemporáneo y que denominamos "puesta en situación". En este caso, son unos albañiles interpretando una canción popular que ejerce una fuerte carga metafórica sobre los personajes y las formas de producción de la propia película: marginalidad y mestizaje como el bolero y como la desmesurada historia que cuenta.

El bolero remite al fondo social de los años cincuenta, un residuo folclórico que durante el franquismo se cultivó como "arte popular". A través de medios como la radio y la distribución de discos de vinilo y películas musicales, convirtieron definitivamente la música en un producto de consumo masivo y en un elemento más de la globalización de las formas culturales.

5.1.2.3. Todo el mundo cabe en el mismo agujero

0h. 14' 28"

Juana pide trabajo en la obra. "Yo pico lo que haga falta, yo era pequeñita y en extraescolar nos hacían trabajar a pico y pala", le dice al arqueólogo que realiza una excavación en el subsuelo del edificio. La mirada y los gestos de Juana denotan que está bajo el efecto de

61 Se trata de la canción titulada *Escándalo* (autores: R. Fuentes y R. Cárdenas) que ha sido interpretada por cantantes latinos muy diversos, como el ecuatoriano Julio Jaramillo, el mexicano Javier Solís, el portorriqueño José Feliciano, la argentina Sandra Mihanovich y la española Lola Flores en una de sus películas musicales, una producción hispano mexicana titulada *La gitana y el charro* (Martínez Solares, 1964).

alucinógenos. Le enseña el bíceps al arqueólogo, que es complaciente y le sonríe, pero no parece que crea en sus capacidades ni que vaya a contratarla en la excavación. En este tipo de contacto esporádico entre dos personajes tan distintos se dibujan dos estatus sociales muy alejados, el de un profesional integrado en el sistema y el de una mujer que busca cualquier trabajo para sobrevivir y poder costearse el consumo diario de droga.

A través de una serie de unos veinte primeros planos y detalles con sonido ambiente y sin diálogos, vemos cómo surgen de la tierra esqueletos humanos. Los arqueólogos trabajan y el descubrimiento despierta el interés de los vecinos que observan admirados lo que está apareciendo entre el barro del subsuelo. La presencia de los restos humanos incita a una serie de comentarios sobre la vida y la muerte, desde los más simples a los trascendentales. A través de los diálogos, iremos conociendo el carácter de los personajes; entre ellos se encuentran los papeles protagonistas que Guerín selecciona para mostrarnos el "paisaje humano" necesario para tejer la película.

— ¿Es hombre o mujer?—, pregunta un vecino.

— El aparato genital ya no se puede ver—, contesta uno de los albañiles riéndose y mostrando su boca mellada.

Atar, el antiguo marino mercante, es uno de los presentes y, como "entendido en todo", lanza su particular teoría sobre el peroné de las mujeres y reitera frente a quien duda (convencido de su discurso) que una mujer tiene una costilla más que un hombre.

El albañil mellado, refiriéndose a la calavera que vemos en plano medio, afirma:

— Y tiene buena dentadura. Mejor que la mía. Anda *carallo*. No tiene ningún puente.

Se trata de una ironía visual si asociamos el plano del albañil desdentado y el cadáver con todos sus dientes. La ironía del propio

personaje desdentado se enfatiza en el montaje al colocar muy próximos un plano medio del albañil mellado y otro de la calavera con toda su dentadura.

Los arqueólogos siguen con su trabajo, ajenos al resto de mirones y comentaristas del barrio. Pero, de repente, aparecen otros observadores de distinto nivel sociocultural: los medios de comunicación con toda su parafernalia de

microfonía, trípodes, cámaras fotográficas y cámaras de vídeo dirigiendo sus objetivos hacia los esqueletos. Una cámara de Televisión Española filma a los que suponemos son los técnicos o responsables políticos del ramo. La cámara de Guerín, sin embargo, se dedica a mostrarnos todo un mosaico humano. Ante una situación de espectáculo improvisado, cada uno de los personajes que envuelven el hallazgo arqueológico dará sus opiniones sin reservas de ningún tipo. Todos, excepto los técnicos especialistas en la materia (arqueólogos, historiadores, responsables culturales, periodistas) que vemos frente a las cámaras de televisión.

Con estos dos ámbitos de mostración, de voces que opinan, Guerín establece una diferencia entre el medio televisivo –que cubre noticias y realizan reportajes de actualidad– y el cine. Aunque los medios técnicos puedan confundirse (la cámara de video digital sobre un trípode y un micrófono de cañón enganchado a una pértiga) y el objeto de atención sea el mismo, ni el estilo, ni la cobertura, ni los posicionamientos ético y estético son los mismos. La filmación de Guerín deja un espacio al espectador para que éste construya su opinión ante un amplio abanico de posibilidades, mientras que la televisión apenas deja resquicios interpretativos al espectador.

Los albañiles han detenido su actividad y sólo trabajan los que excavan los restos del cementerio. Unos y otros bromean sobre la situación excepcional del descubrimiento. La minuciosidad y el interés de los arqueólogos en la excavación provoca el comentario de uno de los albañiles, que riendo dice:

— Mira, que como encuentren oro.

En la tela verde de la valla que circunda la excavación se proyectan, desde atrás, las sombras de los viandantes que se acercan a mirar a través de las rendijas que deja la tela. La proyección de sombras humanas es otro *leitmotiv* recurrente en Guerín, no sólo en esta película sino en otras anteriores.

Un hombre joven borracho con un bote de cerveza en la mano se dirige a los albañiles con sus *gracietas*. La ironía del joven haragán consiste en subrayar que las obras han quedado paralizadas a causa del descubrimiento, que los albañiles permanecen cruzados de brazos (como él) y que, encima, se supone que están cobrando igual.

Los albañiles ríen a gusto ante la simplicidad del borracho que pasa el tiempo observando cómo trabajan. Más tarde, el mismo personaje, ante tanto esqueleto, exclama:

— ¡Una matanza étnica!

Mientras tanto, en ese ambiente tan disperso, José Manuel, el encofrador hijo del encargado de la obra, cruza una mirada y una sonrisa de complicidad con Sonia, una chica que volveremos a ver tendiendo la ropa en el balcón. Se trata de una anticipación a sucesivas escenas de amor protagonizadas por la misma pareja. El plano y contraplano guardan un *raccord* de miradas aceptable, lo cual nos advierte de un importante grado de preparación y manipulación del profílmico. Esta forma tan clara de representar la trama amorosa de la pareja "buena" de la película no es producto de una situación observacional que la cámara ha tenido la suerte de captar; es una puesta en escena en toda regla, propia del docudrama, con actores no profesionales que se prestan a ser dirigidos por el realizador.

Estamos asistiendo, pues, a una forma de producción que deja de ser "documental" y se inserta en los métodos de trabajo de la ficción clásica, sin prejuicios de mezclar los diferentes grados de ficcionalización. En este punto aparece la hibridación de las formas y de los métodos de trabajo que caracterizan el realismo cinematográfico contemporáneo.

Dos viejos discuten si a los muertos los enterraron desnudos o vestidos. Pero los comentarios más variopintos son los referentes al origen del enterramiento, a la época y al motivo de la muerte. Unos especulan sobre si son del siglo VI después de Cristo. Otros, en catalán, discuten si el románico es anterior o posterior al gótico. Tania, una niña que más tarde aparecerá en una escena localizada en el edificio en construcción, ya no quiere ser veterinaria sino arqueóloga. Una pareja de jubilados comenta que el sistema de enterramiento es árabe.

La extracción de un esqueleto infantil abre nuevas expectativas. Una madre le explica a su hijo:

— Eso son los huesos, por dentro. Así nos quedamos cuando nos morimos, ¿lo ves?

Esta frase, que afirma que "los huesos van por dentro", está relacionada con los comentarios de una secuencia próxima en la que el encargado de la obra compara el alma humana con la estructura del edificio: "El alma va por dentro". Son muestras de la voluntad del ser humano por conocer lo desconocido, "lo que está por dentro", lo que no se ve ni se oye, lo misterioso. También se pone de manifiesto las limitaciones de los sentidos de la vista y el oído para aproximarnos al conocimiento de la realidad. Son reflexiones que están íntimamente imbricadas con la propia esencia de las artes audiovisuales.

La voluntad didáctica de la madre hace que acabe ampliando sus explicaciones a todo lo que en ese momento tiene por delante.

— Esto son piedras, la radio, la televisión.

Cuando se refiere a la "televisión" mira a la cámara y señala al espectador con el brazo. Este gesto de señalar a la cámara con el dedo es un signo más del carácter documental de la película que estamos viendo. Recordemos que el cine clásico, que basa sus formas narrativas en el borrado de la enunciación, ha desterrado ese tipo de gestos hacia la cámara. Sin embargo, la producción documental ha mantenido este tipo de signos que ponen en evidencia la complicidad entre los personajes y el ente enunciador. La mirada sonriente de Nanook hacia la cámara de Flaherty es un ejemplo significativo de la susodicha complicidad[62].

A partir de este yacimiento arqueológico, los niños Tania y Bruno urden una trama de mitos y fantasías. El chico le cuenta a la chica que los esqueletos se levantan por la noche y ella, desde una posición realista, no quiere creérselo.

— ¿Nunca has visto un esqueleto andar, por la tele?

— Por la tele, sí —contesta Tania.

— Pues ya está.

— Pero la tele es fantasía, ¿lo pillas o no lo pillas?

En este hermoso diálogo infantil, espontáneo en apariencia, se pone en tela de juicio la verosimilitud de una supuesta escena ficticia en la que unos esqueletos bailan. También pone en evidencia que la referencia a los mundos fantásticos de los niños de finales del XX ya no es el "cine". El referente del espectáculo audiovisual es la "tele". Con la introducción de este diálogo, Guerín pone en bandeja al espectador un motivo para que reflexione sobre el discurso de lo que esta viendo y se cuestione si lo verosímil es más o menos verdadero que lo inverosímil.

Escuchamos un comentario, en presencia de los niños, sobre la posibilidad de que enterrasen a los muertos con sus joyas y, como consecuencia, se dispara la imaginación infantil sobre la fantasía de que pueda aparecer "el oro" y los efectos que una posible riqueza puede desencadenar. "En vez de pagar con dinero, pagarían con oro a los trabajadores" comenta ingenuamente uno de los niños.

Niños y mayores siguen interesándose por los restos. Una mujer mayor pregunta a un interlocutor fuera de campo si los esqueletos son de romanos o de españoles.

Otras mujeres aseveran muy contundentemente que el descubrimiento es un "cosa histórica que no se debía haber tocado", apelando

62 Gil Puértolas, L. (2002), *op. cit.*

al carácter sagrado e intocable del cementerio sobre el cual "no se debería edificar".

Desde otra perspectiva, una mujer del lugar recurre a otra mujer árabe (lleva un pañuelo cubriéndole la cabeza) para poner en evidencia el carácter efímero de la vida ("mira lo que somos", dice) y reflexionar sobre la vida y la muerte. La mujer árabe responde a la cristiana con una frase llena de significado respecto a la igualdad de los seres humanos ante la muerte.

— Todo el mundo cabe en el mismo agujero. Todos, tanto ricos como pobres.

Ante tal evidencia, la mujer cristiana asiente y se expresa reconfortada por la afirmación de la igualdad ante la muerte, posiblemente la única igualdad en un mundo plagado de desigualdades.

A la contemplación del espectáculo, siguen añadiéndose transeúntes. Un señor mayor se dirige al niño que tiene a su lado, junto a la valla, y afirma muy convencido que los restos pertenecen a la última contienda española. El niño le replica que "es de cuando vinieron los romanos", que es lo que mayoritariamente se ha oído, incluso por la tele. El señor, con sarcasmo e incredulidad hacia la afirmación del niño, continúa manteniendo la creencia de que son "crímenes que ha habido en España y que los enterraban para que no los viera nadie".

Una señora que ha escuchado el último cometario se dirige a otros dos niños reafirmando el origen romano de los restos porque lo han dicho en la televisión. Con esta frase se constata uno de los criterios más extendidos de la "era televisiva" que consiste en dar por verdadera toda aquella información que aparece en este medio. A pesar de la proliferación de los canales de televisión, con puntos de vista tan diferentes y habitualmente contradictorios, la credibilidad de la ciudadanía en este medio audiovisual es muy alta.

Otra mujer mayor, que según se desprende de sus comentarios está fuertemente arraigada en Barcelona desde hace años, habla sobre los muertos que se veían por las calles, *en el Paralelo*, durante la guerra.

Los niños Tania y Bruno, que al principio de la secuencia habían iniciado las reflexiones sobre la vida y la muerte alrededor del yacimiento de restos humanos, cierran toda esta serie de comentarios sobre el mismo tema. Ella desea que la incineren, igual que a su padre. Él bromea con las futuras cenizas de Tania.

Cae la noche en la antigua necrópolis romana de Barcelona. El círculo blanco de la luna se funde a negro. La presencia de la muerte y la oscuridad de la noche, con la luna, se funden en un negro absoluto, como la metáfora de los ríos que también se "funden" con el mar al cual desembocan[63].

Entre el público observador que hemos visto y oído, hay gente de todo tipo, de muy diferentes culturas; niños y mayores; indigentes y gente completamente integrada en el sistema; mujeres y hombres; catalanohablantes e hispanohablantes; inmigrantes magrebíes e hindo-pakistaníes; todos con diversas visiones del mundo y con distintas lenguas. En definitiva, un conglomerado intercultural que Guerín nos muestra como una torre de Babel alrededor de una fosa con esqueletos de otra época. Se trata de una metáfora de la sociedad urbana europea de esta época, a caballo entre dos siglos.

Las calaveras que aparecen bajo la tierra podrían ser una cita intertextual relacionada con dos escenas de *Viaggio in Italia* (otra vez) protagonizadas por la mirada afectada de Catherine (Ingrid Bergman). La primera, cuando su amiga la acompaña a las catacumbas de la iglesia de la Fontanelle y observa perpleja los cráneos cuidadosamente apilados en largas hileras. La segunda, en la visita a las ruinas de Pompeya, acompañada de su marido (George Sanders), donde vemos aparecer los cuerpos petrificados de una pareja de amantes abrazados. Más allá de la referencia cinéfila, Guerín reivindica y comparte con Rossellini una mirada agnóstica de la muerte (y de la vida). Los restos humanos fosilizados son, en ambos cineastas, la fotografía tridimensional del último momento vivido. A partir de la imagen de ese decisivo instante, se desvelan los mundos interiores de los personajes cuando se ven reflejados en los cadáveres que observan.

En la escena necrófila de *En Construcción*, también existe un metalenguaje entre los planos y contraplanos del público que observa y los esqueletos que son observados. En ambas posiciones, la cámara asume diferentes roles alternativos. Por un lado, la que observa como un espectador más del descubrimiento funerario, con ángulos de plano picados sobre los esqueletos observados por el resto de los espectadores que se sitúan en un nivel superior. La disposición circular de éstos es típica de los espectáculos circenses, cuyas miradas convergen en la zona central reservada a los oficiantes, en este caso los arqueólogos que meticulosamente van descubriendo los huesos enterrados. No será una casualidad que, en una de las siguientes secuencias, veamos, a través del televisor del bar, una corrida de toros, el espectáculo circense por antonomasia con sello ibérico. Por otro lado y simultáneamente, la cámara es observada por el resto de espectadores como un elemento de atracción voyerista puesto en evidencia cuando una madre la señala mostrándola a su hijo,

63 Metáfora perteneciente al texto clásico (siglo XV) de la literatura española *Coplas por la muerte de su padre*, de Jorge Manrique, glosadas continuamente por los autores más diversos.

y cuando otras mujeres –conscientes de que son filmadas– miran disimuladamente al objetivo mientras reflexionan sobre la vida y la muerte, sobre los ricos y los pobres.

Si bien la imagen es fundamental, el registro de los comentarios de los diferentes personajes y la forma en que Guerín los ha ordenado resultan esenciales para organizar un discurso coherente –a pesar de las contradicciones entre los propios personajes que, incluso, lo enriquecen– partiendo de las opiniones de los actores improvisados. Se supone que los personajes se interpretan a ellos mismos y que sus actuaciones tienen un alto porcentaje de improvisación. La interpretación propia y la imprevisión, aunque muy discutibles, son dos aspectos que caracterizan el cine documental, entre la más pura observación y la puesta en escena dramática.

La mayoría de los planos de los personajes que observan y comentan son planos medios de grupo, que encuadran a dos, tres o cuatro individuos, filmados a cierta distancia.

Como espectadores participamos de un doble espectáculo. El primero es el propio espectáculo audiovisual frente a la pantalla, con los personajes que opinan y desfilan alrededor de la valla que limita el otro espacio espectacular. Este otro espectáculo es el mismo que atrae a los espectadores intradiegéticos, los que dirigen su mirada a las excavaciones arqueológicas del barrio barcelonés. Este segundo espectáculo, sin pretenderlo, entraría en la catalogación de "circense", teniendo en cuenta que existe una línea marcada por la valla de seguridad que limita dos espacios estancos, el interior reservado a los sacerdotes del espectáculo (arqueólogos, albañiles, periodistas, técnicos), y el espacio exterior que lo ocupan los espectadores (transeúntes y residentes del barrio).

Entre los transeúntes que se han acercado a la fosa y los albañiles que han detenido sus tareas habituales tenemos los primeros apuntes de nuestros personajes. En veintiséis minutos, Guerín ha armado los cimientos de la película en un planteamiento que, a lo largo de las dos horas siguientes, desarrollará estos apuntes iniciales. En cualquier caso, en esta primera parte de la estructura ha creado unas expectativas y ha dibujado el tono poético con que va a desarrollar la historia y, especialmente, ha señalado el tipo de "paisaje humano" que nos va a mostrar.

En esta escena, el material profílmico ha sido meticulosamente seleccionado, ordenado, organizado y manipulado de tal manera que el resultado final da la impresión de haber establecido una mirada "objetiva" sobre unas situaciones reales. El cineasta queda en una posición de puro observador, aunque para ello haya tenido que manejar a su conveniencia los elementos sonoros y visuales tomados durante el rodaje y ordenados posteriormente en el montaje.

5.2. Segunda Parte: Desarrollo

5.2.1. Había mulatas guapísimas

0h. 26' 51"

Continúan los derribos de los edificios, ahora con máquinas excavadoras. Los jubilados observan el deterioro de las casas de su barrio y cómo son demolidos los edificios viejos, un proceso semejante al que ellos mismos han recorrido a lo largo de una vida. Los comentarios se refieren a la resistencia de los materiales (hierro, madera) de esas casas viejas, pero en el fondo de las imágenes y de sus comentarios subyace una metáfora sobre el ciclo vital de unas personas que, igual que los edificios del barrio, "nacen y mueren con el siglo", tal como rezaba el rótulo del principio de la película.

Pero ni siquiera estos observadores son propietarios de vivienda alguna en su propio barrio. Viven alquilados y, como dice uno de ellos, "en el hueco de la escalera". El bloque a medio derribar y la espadaña románica de la pequeña iglesia de fondo componen una imagen del barrio iluminada con luz del anochecer. Los ruidos de máquinas y piquetas también han cesado. Los esqueletos iluminados con los tonos azulados de la luna y el silencio del ambiente sirven de contrapunto a la ajetreada secuencia anterior. Los muertos vuelven a descansar en la paz nocturna de los vivos.

Amanece en el barrio. Un noctámbulo camina hacia la cámara, Se detiene ante ella y echa una bocanada de humo del cigarro sin perder de vista el objetivo; parece que le molesta la presencia de la cámara. Las máquinas del derribo continúan con su tarea. El barrio funciona con normalidad: los comercios, el bar de "tapas variadas"...

Un televisor pequeño sobre una repisa forrada con hule muestra imágenes del descubrimiento de los restos humanos en el barrio del Raval de Barcelona, el mismo acontecimiento que hemos visto en la secuencia anterior, sólo que ahora narrado por la locutora del Telediario. La voz de la televisión data los restos encontrados en "casi dos mil años". Si tomamos la información de televisión como una voz de autoridad, de verdad científica sobre las variadas opiniones de los vecinos observadores, la cata arqueológica es de época romana. Así lo asume Atar, un hombre que sabe de todo, mientras come con dos compañeros de la calle, provistos con una botella de vino, pan, soda y tabaco.

La sintonía del telediario de TVE da paso a otra noticia de actualidad que tampoco es ajena al barrio. Con el titular de "Comprar una casa es cada vez más caro", abre los comentarios de los tres comensales, sin que pierdan ni un solo momento su atención sobre la comida. "Más caro, mucho más", dicen refiriéndose a la especulación urbanística de la que habla la televisión, pero enseguida cambian de tema. Uno de los comensales dice que el barrio le gustaba más tal como estaba antes. El

Cantinflas enumera los locales nocturnos de espectáculos y prostíbulos de una época "dorada" del barrio (en las imágenes de archivo del inicio nos han mostrado la actividad de esa época).

Los tres hombres hablan de que había mulatas guapísimas en el barrio, de los precios que cobraban, de lo mucho que se cuidaban y de que ahora son mucho más caras. *Rambo* cuenta, en voz baja y acercándose a la oreja de Atar, que se acostó con una de 18 años que "estaba divina".

Atar, por la seguridad con la que se expresa, da a entender que habla con conocimiento del asunto de la conversación. Dice, marcando la distancia con sus contertulios, que ha huido siempre de las mujeres prostitutas, afirmación que se contradice con el conocimiento del tema que ha puesto de manifiesto hace un momento.

Pero, sobre todo, Atar da un giro a la conversación hacia su pasado viajero y su conocimiento del mundo con la intención de fantasear y distanciarse de sus compañeros con cierto aire de superioridad. Habla de Buenos Aires, de Uruguay, de Brasil donde "hay mujeres buenas y bonitas, no mujeres de ambiente de barrio chino, mujeres señoriales, de buen aspecto".

El discurso de Atar, el antiguo marino, podríamos inscribirlo en el perfecto prototipo de la estirpe de narradores que Walter Benjamin inscribe como el relato del "marino mercante" que cuenta sus historias traídas de tierras exóticas. En este caso, Atar es el marino "convertido en el maestro patriarcal de la narración" que encarna la noticia de la lejanía en su retorno a casa[64].

Su siguiente historia contada viene a colación de los titulares del Telediario. Se trata de una explicación "didáctica" para sus dos compañeros de mesa de qué es un tifón –no *sifón* como dice el Cantinflas, señalando la botella de sifón (soda) que hay sobre la mesa–. El tema termina cuando el *Rambo* dice que el tifón arremete contra un barco y se lo lleva por delante. Atar puntualiza, con ese aire de autosuficiencia y falsa distinción que le caracteriza, que a su barco no se lo llevó nunca un tifón.

Esta confusión lingüística en la conversación de Atar es la segunda vez que se repite. Al principio confundía *cohesión europea* por *conexión europea*, ahora *sifón* por *tifón*. Estos juegos de palabras con similitudes fonéticas, tratándose de un personaje presuntuoso y pedante, se convierten en una ironía que causa bastante comicidad en el espectador.

Las obras continúan. Guerín, para separar y marcar el tempo entre escenas y secuencias significativas, intercala imágenes con la actividad

64 Benjamín, W. (1991): *El narrador*. Madrid: Taurus.

del barrio y de las obras, con figurantes que no llegan a tener ningún protagonismo a pesar de ser una película coral. Son planos que dejan suspendida la narración momentáneamente, pero sirven para situarnos en el contexto temporal (la estación del año, el avance de las obras) y espacial (el barrio dentro de la ciudad).

Por la radio de un coche que no puede pasar al encontrarse la calle cortada, oímos la noticia fragmentada de "los ataques de la OTAN a Yugoslavia"[65]. Esto sitúa la producción del documental en un contexto temporal muy definido por unos acontecimientos internacionales que conmovieron el mundo en los últimos años del siglo XX. Esta secuencia sonora es una marca de enunciación que refuerza el contexto temporal de la producción de la película, entre los años 1998 y 2000.

Otros signos temporales son el progreso de las sucesivas fases de la obra y la imagen del reloj giratorio del BBV sobre un edificio del centro de Barcelona. En lo que se refiere al contexto espacial dentro de la ciudad, viene marcado por las Tres Ximeneies, la iglesia de San Pau del Camp y el Teatro Apolo como conocidos emblemas arquitectónicos de la ciudad de Barcelona.

5.2.2. Sólo nos traen para trabajar

0h. 33' 25"

El trabajo de los encofradores es un paso determinante hacia la construcción de la estructura del nuevo edificio. Juan López, el encargado de la obra, y su hijo Juan Manuel, armados con toda una parafernalia de herramientas (nivel, listones, reglas, lápices, hilos y azuletes), marcan las líneas para construir los encofrados, en este caso el de una escalera cuyo croquis vemos dibujado en un papel. Los planos de detalle nos muestran el perfeccionismo con el que marcan las medidas y las líneas para construir los encofrados, asistimos a un trabajo artesanal hecho a conciencia, tan artesanal como la construcción de la propia película.

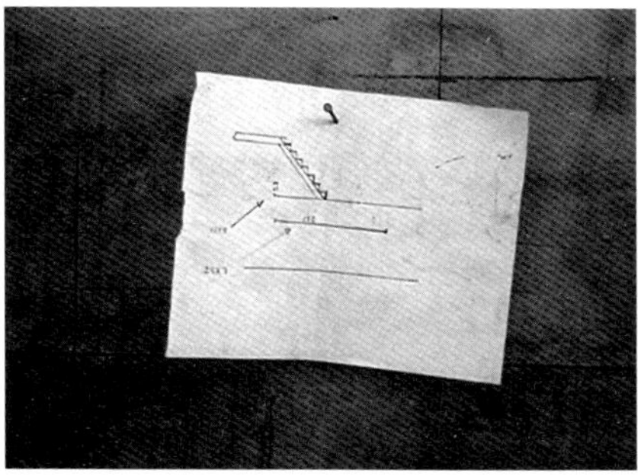

Mientras tanto, se oye la voz *off* del padre reflexionando en torno a temas muy variados: sobre el trabajo y el amor, sobre el servicio militar de su hijo, sobre la guerra de Kosovo, sobre la noción del tiempo y la vida. De sus años de juventud comenta que, durante el franquismo, lo primero que hacían los jóvenes inmigrantes cuando llegaban a Cataluña

65 El 24 de marzo de 1999 las fuerzas aéreas aliadas (OTAN), entre las que se contaban cazabombarderos F-18 españoles, iniciaron una operación que condujo a Yugoslavia a aceptar un plan de paz.

era comprarse un reloj de pulsera y visitar el barrio Chino. Su hijo lo interrumpe para consultarle una cuestión técnica. Él, como maestro y padre, lo atiende y supervisa. Por corte, un chorro de hormigón rellena los encofrados y, por otro corte, otros albañiles desmontan las placas que revisten columnas fraguadas de hormigón armado.

En esta escena ha quedado patente el carácter artesanal de un trabajo actual que, a pesar de la tecnología utilizada para rentabilizar los procesos productivos, requiere de un oficio, de aptitudes y conocimientos que sólo se adquieren a través de la experiencia y la instrucción paciente. El maestro y el discípulo se entregan al aprendizaje de las tareas técnicas y, además, inconscientemente cumplen con una función cultural como es la transmisión oral de relatos. El tipo de historia contada por un artesano pertenece, según la nomenclatura de Walter Benjamín, a la estirpe del "maestro sedentario"[66] que en su momento fue inmigrante y suele narrar hechos del pasado referidos a su propia experiencia. Este modelo de narrador viene a complementar al de marino mercante, representado por Atar en otras secuencias.

El hecho de que estas dos tipologías de narradores estén presentes en la misma película documental demuestra que ningún personaje está presente por casualidad, por una cuestión de azar. Para conseguir dos personajes tan ajustados al prototipo de Benjamin, como el marino Atar y el artesano Juan, es necesario un minucioso trabajo de *casting* que, a pesar de la naturaleza documental, no se puede eludir.

La selección de materiales en la preproducción de una película o en el montaje son también trabajos artesanales, como la construcción de edificios. Es aquí donde vuelve a entrar en juego la metáfora de la construcción fílmica, recurrente en toda la película.

Desde los balcones, los vecinos observan el estruendo que arman los albañiles con los andamios, hierros y gritos para comunicarse. En uno de los balcones está Abdelsalam Madris, un marroquí que mas tarde irá a buscar trabajo en la obra. Trabajando en la obra se encuentra con otro árabe, Abdel Aziz El Mountassir, un peón albañil que atiende amablemente al novato. Abdel, en la hora del bocadillo, lo invita a tomar un bote de cerveza. El novato lo rechaza cortésmente. Se trata de una provocación del musulmán veterano y descreído hacia el musulmán que, según su propio gesto (rechazo al consumo de alcohol), se mantiene fiel a sus preceptos religiosos.

La perversión del gesto de esta escena es una provocación de quien disfruta provocando. Este goce todavía es mayor en la medida en que el personaje es consciente que está siendo filmado.

66 BENJAMÍN, W., *op. cit.*

Juan Manuel, mientras desmonta los soportes del encofrado, se encuentra con Sonia, la chica que unos días antes le sonrió en la secuencia del descubrimiento de restos en el subsuelo. Ella, como siempre, está tendiendo ropa. Esta pequeña escena de plano y contraplano, evitando las miradas directas, nos ha sido anticipada con anterioridad y, a su vez, es otra anticipación de una próxima escena con más carga emotiva.

Abdelsalam ya trabaja de aprendiz de albañil junto a Santiago Segade, albañil gallego del que todavía no sabemos nada. La forma de trabajar de Abdelsalam denota que no tiene ninguna experiencia en el oficio: le caen los ladrillos en el suelo. Los dos árabes, en un momento de asueto, leen un plano de las viviendas del edificio y comentan: "Sólo nos traen para trabajar, no para entender. Si entiendes te echan". Descifran cada una de las partes del plano. Al lavabo, ellos –los árabes– lo conocen como "cuarto del agua". Esto pone de manifiesto las diferencias culturales de estos dos personajes con respecto a la sociedad en la que viven y trabajan. Podemos suponer que esta escena ha sido propuesta por el cineasta que, con la cámara y el micrófono preparados, ha esperado que Abdel lanzara una expresión de corte obrerista, propia del inmigrante que se siente explotado: "sólo nos traen para trabajar..."

Un gran cartel de lona colgado del andamio de la obra informa al espectador del tipo de vivienda que están construyendo: "96 viviendas, de 3 y 4 habitaciones, desde 16 millones de pesetas, más IVA".

5.2.3. Hasta luego, guapa

0h. 44' 26"

De todo el ir y venir de la gente que transita por el barrio, hay un tipo de personas que discretamente llaman la atención. Se trata de mujeres vestidas de forma insinuante pero sin ningún tipo de *glamour* y que conviven con bastante normalidad con el resto de vecindario y comercios del barrio: una rubia con minifalda está sentada en la puerta del bar de "tapas variadas"; una mulata perma-

nece de pie en medio de la plaza mientras en el fondo hay una pelea; otra de cabello castaño con una minifalda muy corta da cabezadas de sueño en un banco de la plaza; otra está sentada en un bolardo de hierro, descalza;otra con un abrigo de piel se queda mirando a la cámara.

Esta secuencia de presuntas prostitutas captadas por la cámara en la calle, a plena luz del día, se puede inscribir dentro de la más pura estrategia observacional. Se trata de planos generales que dejan ver el ambiente, la calle o plaza del barrio donde esperan pacientes la llegada de un posible cliente. O bien no se dan cuenta de que las están filmando, o se quedan mirando a la cámara como no creyendo que están siendo filmadas, ya que la cámara está bastante alejada de ellas. Aunque no se haya filmado con una cámara oculta, ésta está colocada discretamente y a cierta distancia.

Entre las antenas de las terrazas asoma el reloj giratorio del BBV. Son las siete de la tarde y es otoño. Las Tres Ximeneies restauradas que ya hemos visto en dos secuencias anteriores están iluminadas con luz del anochecer. Con una actitud similar a las mujeres que hemos visto antes, junto a un portal, se encuentra Juana, la novia de Iván. Un motorista parado habla con ella. Se nota que hay confianza: se citan y se dan dos besos de despedida.

El fuera de campo en estas escenas es muy importante ya que evoca en el espectador todo el mundo del sexo mercenario. La prostitución realmente no se ejerce en la calle, en la calle sólo se apalabra el trato entre el cliente y la prostituta. El fuera de campo de las acciones, que vemos iniciarse dentro del encuadre, se construye en la imaginación del espectador. No olvidemos que las fantasías sexuales se construyen a partir de la insinuación, de lo que no se ve. Se trata de una forma metonímica bastante habitual en el cine para representar escenas con sexo, en las que sólo se muestra la parte inicial y es el espectador quien debe completarlas.

5.2.4. Las cosas cuando hay que hacerlas, hay que hacerlas

0h. 46' 37"

Vuelve el día. En un gran plano general de la ciudad, volvemos a ver el reloj giratorio sobre un edificio alto, en los límites del barrio. Son las ocho y veinte de la mañana. En el reverso del reloj, el logotipo del BBV. Las grúas y las paredes del edificio las vemos a través de una ventana. En la banda sonora y fuera de campo oímos las voces de niños con su maestra. Se trata de un montaje de imágenes y sonidos en paralelo: mientras la banda visual nos muestra la actividad del barrio a través de una ventana, la banda sonora nos ilustra con los sonidos de un patio de escuela lleno de niños jugando.

En el barrio, entre el día y la noche, conviven dos mundos que se alternan en el tiempo y coinciden en el espacio. La noche, sólo para adultos y para los placeres y trabajos ocultos, y el día, para los albañiles de la obra y los niños de la escuela (aunque éstos se encuentran fuera de campo).

Los encofradores se quejan de que no han adelantado nada en lo que llevan de mañana. El camión del hormigón que tenía que llegar no ha llegado. Uno de los encofradores se queja al encargado de que primero hay que echar el hormigón a la planta y no a los pilares, de lo contrario amenaza con irse. El encargado dice que no hay nada que discutir. Ha surgido un conflicto que no tendrá más consecuencias que el dejar a los obreros un rato de asueto. El pequeño conflicto laboral ha despertado el interés de los vecinos que observan extrañados el espectáculo de la discusión entre albañiles. En el plano máster que muestra la escena se intercalan los planos de vecinos en los balcones con la continuidad sonora de la discusión y el ruido de las máquinas que vomitan la última remesa de pasta de hormigón.

La espera hasta que llegue la siguiente remesa se hace larga. Vemos a los albañiles en planos medios relajados. Un albañil se entretiene regando el hormigón de la planta. En el fondo del plano se levanta la iglesia de estilo románico, cuyas paredes de sillares de piedra antigua ofrecen un chocante contraste con la nueva obra de hormigón armado y tabiques de ladrillo. El contraste de lo nuevo frente a la viejo se repite en otro plano, donde vemos la espadaña del templo románico enmarcada por una ventana de ladrillo.

El encofrador mellado, irónico y socarrón, para llenar el rato de espera, se entretiene jugando con un niño de rasgos orientales que se asoma al balcón de enfrente. El niño responde a los gestos del encofrador, que le provocan una evidente satisfacción. Después

del momento de tensión provocada por el enfrentamiento anterior, surgen unas pinceladas de ternura entre el niño y el encofrador mellado. Otro encofrador, el que discutía con el encargado, ahora, viendo como se comunica su compañero con el niño, mira a la cámara y sonríe.

El hormigón ha llegado tarde y tienen que aprovechar la noche para esparcirlo por la planta. El encargado, en su despacho, recoge documentos –sobre su mesa la foto de su hijo vestido de militar–, apaga la luz, cierra la puerta y se va. En la puerta del despacho de la obra vemos un logotipo: "EDICAT, Estructuras y Obras, SL". La información que ofrece la foto del hijo vestido de militar es crucial, ya que más tarde lo veremos con una camiseta caqui (militar), tras un tiempo de ausencia.

0H. 55' 03" 5.2.5. Además, moro

Las Tres Ximeneies iluminadas han cambiado su aspecto original y su función. Ya no echan humos, sino todo lo contrario, brillan; se han convertido en elementos arquitectónicos decorativos del patrimonio urbano. La que fue bodega primero y posteriormente teatro, ahora es Atracciones Apolo. El rótulo nocturno con luces de neón así lo anuncia. En el local, Juana e Iván se entretienen con videojuegos de conducción de automóviles y de lucha con pistola. Con el juego desahogan sus tensiones y frustraciones matando –virtualmente– con saña y visos de xenofobia. Los primeros planos de los rostros de Juana e Iván, con expresiones de rabia, se alternan con la realidad virtual de las pantallas del juego interactivo. Al final Juana no consigue ganar la partida y se ensaña con insultos hacia los "moros", sus contrincantes virtuales, y con golpes en la máquina.

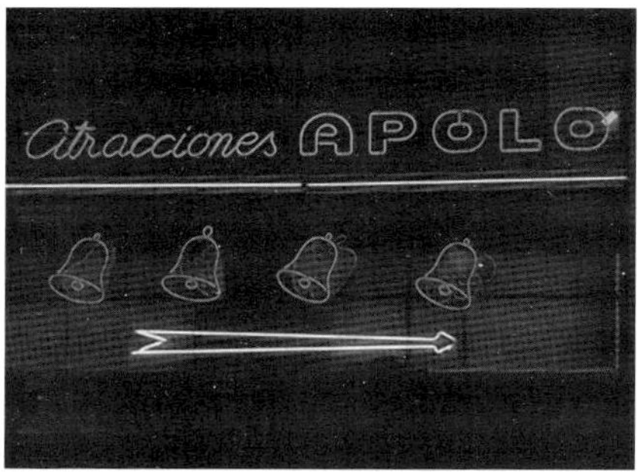

Esta escena parte de una situación conocida por el cineasta en la investigación previa. Para captarla con la cámara, sólo necesita pedirles a los personajes, Juana e Iván, que actúen como lo harían normalmente, que sean ellos mismos. Lo que ocurre es que están sobreactuados.

5.2.6. Juego de niños

0h. 56' 00"

Se observa las Tres Ximeneies con la luz mañanera. Este no es un día como cualquier otro, no se ve el trajín de días anteriores. Las voces de los niños y sus juegos destacan sobre unas calles más silenciosas que de costumbre. Un grupo de cuatro niños toma la obra como si fuera un parque temático de atracciones. Se lanzan por unas tablas inclinadas a modo de toboganes, dibujan con tiza en los encofrados. Tania y sus amigos construyen en una de las plantas de la obra una casita de juegos con ladrillos, palos y maderas. Terminan el juego y se echan a dormir.

El lunes, a primera hora de la mañana, Abdel descubre que hay cosas fuera de su sitio y queda sorprendido cuando ve la casita de juegos construida por los niños. Comienza la semana y toda la maquinaria de la construcción se pone en marcha.

5.2.7. Esto no es lo mismo sin ti

0h. 58' 24"

José Manuel ha vuelto de la mili; lleva puesta una camiseta caqui del ejército (antes lo hemos visto en la fotografía de soldado del despacho de su padre, el encargado). Frente al balcón de Sonia –con ropa tendida, como siempre–, aprovecha un momento para llamarla y quedar con ella. La escena comienza con un plano general del balcón de Sonia y, en primer término y de espaldas a la cámara, José Manuel. Éste llama a Sonia por su nombre y enseguida aparece ella abriendo la puerta de su balcón. José Manuel está situado en la ventana de enfrente. Al verlo, ella queda sorprendida. Se saludan en un tono cariñoso, la estrecha calle que los separa no es un obstáculo, sólo los separa físicamente, emocionalmente se les nota muy cercanos.

Para completar la escena, sin modificar el espacio ni el tiempo, siguen catorce planos alternados, planos y contraplanos, de los cuales la mitad corresponden a José Manuel y la otra mitad a Sonia. A José Manuel lo mantiene todo el tiempo en un primer plano largo. Los contraplanos de Sonia, sin embargo, son encuadres ligeramente más variados, que van desde un plano medio a un primer plano,

pasando por un plano americano y otra vez un plano medio.

Con esta descripción hay que subrayar que Guerín, aunque aprovechó toda la espontaneidad y frescura de los personajes, no dejó a la improvisación el rodaje de esta escena sino que, más bien al contrario, la preparó con bastante minuciosidad. No importa el grado de manipulación que se haya podido ejercer sobre los personajes y la situación que desarrollan. En cualquier caso, el resultado es excelente por su carga emotiva. La poesía que de él se desprende, la frescura del diálogo y las sutiles insinuaciones de las expresiones y los gestos de los personajes conmueven al espectador. Unas formas interpretativas tan espontáneas y, al mismo tiempo, tan verosímiles –con un montaje transparente de plano y contraplano– son dignas del mejor cine clásico, y están muy alejadas de los estilos documentales instructivos e interactivos a los que tan acostumbrados estábamos en este país. Presumiblemente, esta escena del balcón (a lo *Romeo y Julieta*) se haya rodado con dos cámaras o, si no fue así, se rodaron diferentes tomas repetidas y discontinuas, cambiando los emplazamientos de cámara y montándolas en continuidad. Se trata de una estrategia de puesta en escena propia del docudrama, mediante la cual se reconstruyen "a posteriori" situaciones cotidianas que difícilmente pueden ser captadas por la cámara cuando ocurren realmente (si es que han ocurrido alguna vez).

Esta escena de planificación recurrente, con situaciones sucesivas, ordenadas cronológicamente y con elipsis temporales, es la que nos da juego –como hemos dicho anteriormente– para afirmar el carácter híbrido de *En construcción*[67].

0h. 59' 43"

5.2.8. Sí que está fuerte el niño

Un grito solapado de un vendedor de la calle une la secuencia anterior con ésta. Juana despioja a Iván en la terraza de un edificio

67 La hibridación de géneros se ha generalizado en cierto cine contemporáneo que mezcla diferentes grados de manipulación del profílmico y, por tanto, distintas formas de ficcionalizar la realidad.

antiguo. En un plano general donde aparecen las azoteas de los edificios nuevos y viejos del barrio, un joven albañil, de cuerpo atlético, descamisado y con casco, cambia de lugar los soportes metálicos que utilizan para armar los encofrados. Juana, desde el edificio de enfrente, lo increpa, preguntándole para cuándo van a acabar las obras. El joven albañil se hace el sordo y no contesta.

Esta escena es un botón de muestra de que estamos asistiendo a un cambio de roles femeninos/masculinos sin precedentes en nuestra sociedad. Es bastante peculiar en la cultura mediterránea que un albañil que trabaja en una obra piropee a una mujer que transita por la calle. Lo que no entra en el arquetipo es todo lo contrario, que una mujer joven como Juana alabe en voz alta y sin prejuicios los atractivos físicos de un albañil. El valor simbólico del piropo ha experimentado un cambio radical relacionado con el intercambio entre los papeles tradicionales de lo masculino y lo femenino.

Juana inicia una serie de comentarios de admiración hacia los torsos desnudos de los albañiles que provocan los celos de su novio Iván.

— Si que está fuerte el niño. Joder, con dos dedos, ni más ni menos...

La mordacidad de los comentarios de Juana va dirigida como una puya a la sensibilidad del joven que, sin embargo, deja que su novia se prostituya. Iván reacciona tímidamente ante la provocación de Juana, diciendo que el albañil todavía está más delgado que él, a lo que Juana contesta contundentemente, dejándose llevar por sus impulsos y mostrando su autoridad.

— ¡Cállate idiota, tú qué sabrás! Está cuadrado, está delgado pero está cuadrado. ¡Qué no ves el músculo, idiota! Míralo, eso son los tríceps. Tiene abdomen, bíceps y tríceps. ¿Que tienes envidia?

Iván siente celos, difíciles de comprender dada su situación, pero que evidencian una sensibilidad reprimida. Juana se asoma por la baranda de la azotea y observa la calle. Vemos viandantes en planos generales picados en un momento del día tranquilo, con poca actividad en la calle.

Juana e Iván bajan de la azotea a una habitación de la casa. Se meten en una cama. Juana, mientras fuma, sigue recordando al obrero descamisado con alusiones similares a las anteriores.

— ¿Por qué no haces tú de maricón *pa* mí, en vez de yo, puta *pa* ti?

Iván se enfada, pero es Juana quien continúa reprochándole que sea él quien no trabaja, y lo califica de "idiota" y "perro". Pero a Iván lo que más le molesta es que vaya a prostituirse. Se fuman dos porros y Juana se arregla para marcharse. Se pinta los labios de forma muy sutil para parecer una joven, no una mujer mayor. Iván y Juana riñen como en un juego infantil, sin maldad: ella quiere marchar y él se resiste momentáneamente. Se besan en la boca y ella dice: "Así me dejas sin pintalabios, para que no me lo coma nadie. Yo no me beso con nadie. Tranquilo, idiota".

1h. 06' 44"

5.2.9. Tierra de faraones[68]

El reloj giratorio marca las siete y diez de la tarde. Atar, el antiguo marino, y su amigo comentan, sentados en un banco, el precio de alquiler que les pide una casera por una vivienda con televisión. Califican a esta señora de "pájara" y "malísima". Su amigo le dice que le puede encontrar algo en mejores condiciones.

Al atardecer, las calles del barrio recobran el ambiente. En un gran plano general vemos transitar gentes de diferentes etnias y edades, ancianos, hombres de color, niños.

En el bar de tapas, vemos en primer término el dibujo de una gamba y el rótulo publicitario de "tapas variadas, aperitivos, cerveza" grabados en el vidrio de la puerta, a través de los dibujos y rótulos, el televisor emitiendo una corrida de toros y, por corte, en un plano más cercano, el dibujo de un *sandwich* y una jarra de cerveza. Al fondo, una escena de *Tierra de faraones*. Los esclavos trasladan materiales para construir la pirámide de Keops en la pantalla del televisor.

En estos planos del documental se combinan formas creativas de índole muy diferente, una basada en imágenes dibujadas con una finalidad publicitaria, la otra con imágenes cinematográficas que cuentan una historia en el antiguo Egipto. En definitiva, lo que llega al espectador es un *collage* que mezcla materiales de distintas procedencias, propio de la cultura postmoderna. La mezcolanza icónica de los diferentes planos estáticos que la cámara de Guerín se empeña en encuadrar –las gambas, el *sandwich*, la jarra de cerveza, el espectáculo taurino y las imágenes hollywoodienses del antiguo Egipto– son una metáfora irónica del cosmopolitismo y la multiculturalidad del barrio.

68 *Tierra de faraones* (*Land of the pharaohs*, Howard Hawks, 1955).

Mientras anochece, a través de la puerta de un balcón, vemos el interior de una vivienda con un televisor en marcha y comienza a oírse de forma difusa la voz del faraón de *Tierra de faraones*. En unos segundos oímos la voz nítida del faraón:

— He dispuesto una gran tarea para Egipto –voz ecualizada procedente de un aparato de televisión– cuya realización sería imposible en cualquier otra tierra. Vais a levantar una pirámide en medio de las arenas del desierto. Una construcción que superará a la más grande del mundo.

Bajo la voz arrogante y lujuriosa del antiguo monarca egipcio que nos sirve la televisión, vemos edificios medio derribados que nada tienen que ver con lo que estamos oyendo. Es más, las palabras del faraón son la negación más absoluta de las imágenes que las ilustran. Y junto a la ironía del contraste, la metáfora que traslada la ambición constructiva de los faraones egipcios al afán urbanizador de las actuales autoridades democráticas.

— Dicha pirámide será mi lugar de reposo para la otra vida.

El discurso verbal continúa mientras, entre los escombros, vemos a Atar que arrastra todos sus enseres con un carrito de compra. En el muro de fondo leemos una pintada en catalán: "ESPECULACIÓ". La ironía se prolonga y agudiza cuando oímos "mi lugar de reposo para la otra vida" en el preciso momento en que Atar busca un sitio donde cobijarse, en esta vida y durante esta noche. Frente a los anhelos de la eternidad faraónica que busca perpetuar su memoria, vemos la preocupación de un personaje de la calle que sólo busca un sitio para el descanso nocturno.

— Esta es la parte del botín de guerra que he reservado para mí. Fíjate. Toca esto, el contacto del oro me encanta. No existe metal alguno que lo iguale. Añade esto a lo que ya tengo y verás que es el tesoro más grande del mundo. Nadie ha conseguido jamás otro mayor.

Mientras la voz del faraón se mezcla con el sonido ambiente de la calle, vemos las ventanas iluminadas de un edificio de viviendas del siglo XX. Otra vez, frente a la ostentación de poseer el tesoro más grande del mundo, vemos un barrio donde no se vislumbra el menor atisbo de riqueza.

— Ahora sólo me falta construir una tumba a donde iré a parar con mi cuerpo.

Pero el cuerpo que vemos simultáneamente no es el de un muerto en su tumba, sino el de un joven en la vivienda que casualmente ocupa. Iván, visto a través del balcón, sentado, se lía un porro con mucha parsimonia. Simultáneamente, oímos con más nitidez la voz del protagonista de *Tierra de faraones.*

— Una tumba que ningún hombre consiga violar y donde yo pueda descansar en paz y disfrutar de estas riquezas en la otra vida.

Juana, en la casa medio derribada que ocupa con su novio, dibuja en el papel que reviste la pared la habitación. En la banda sonora seguimos oyendo al faraón de la película. El contraste entre los dos discursos paralelos, el verbal y el icónico, continúa ahondando en el sarcasmo de esta secuencia. Es una muestra clara de la mordacidad de Guerín para tratar, mediante un montaje muy pensado, el problema de fondo y el tema principal de la película: la especulación urbanística de un barrio enfrentada a la miseria de sus vecinos.

— Los arquitectos han trabajado día y noche. Los planos están a punto de que los veas.

La voz de *Tierra de faraones* se corta y se oye una voz infantil en el ambiente de la vecindad.

Ésta es una de las ironías más evidentes de la película. La superposición de dos discursos aparentemente divergentes en cada una de las bandas de la película. En la banda sonora escuchamos un alegato que pone de manifiesto la ostentación y la ambición del poderoso hasta su misma muerte. Sin embargo, en las imágenes vemos todo lo contrario, miseria y escombros. La fastuosa tumba del faraón se contrapone a la miseria urbana de un indigente "sin techo". La suntuosidad y pompa que un hombre desea para su tumba se contrapone a la escasez de recursos que otro sufre en vida. La mirada crítica se da en el montaje en paralelo de dos discursos contradictorios que el espectador recibe simultáneamente. Algo parecido ocurre en la película *El canto de Ceilán* (*Song of Ceylan*, Basil Wright, 1935) cuando, junto a las imágenes del duro trabajo agrícola, oímos un montaje de voces con los precios del té en el mercado británico que nos sugieren la idea de la explotación humana[69].

De un balcón iluminado sale una persona, que al retirarse deja ver un televisor funcionando. En otro balcón con ropa tendida, por una rendija, vemos parte de la pantalla de otro televisor con una escena de *Tierra de faraones*. Ha habido una elipsis temporal y asistimos a la última secuencia de la película de Howard Hawks, con un final trágico para Nellifer, la ambiciosa esposa del faraón Keops. De un plano

69 Barnouw, E., *op. cit.*

general pasamos a uno más cercano donde se aprecia –entre las piezas de ropa tendida del balcón– la escena de Nellifer desesperada cuando comprende que el cierre de la pirámide es irreversible. El nuevo encuadre nos acerca a la pantalla del televisor y, a través de diferentes planos, continuamos viendo el mecanismo de arena de la pirámide de Keops con las piezas de piedra que se deslizan sellando la salida. Nellifer, en un plano medio, se lleva las manos a la cabeza. Aquí se produce un corte, pero continuamos viendo la escena en continuidad a través de otra ventana, sin elipsis temporal alguna. El mecanismo continúa cerrándose hasta quedar la tumba completamente sellada. Para finalizar, vemos un gran plano general con la pirámide de Keops al fondo y una multitud que son los esclavos que idearon y construyeron la obra y que gracias a ello han sido liberados. Este plano nos lleva al final de la película, aparece la palabra "The end", el rectángulo del televisor se funde a negro y la imagen queda obscura. Es de noche.

Esta secuencia tiene una gran riqueza en códigos narrativos en la que conviene detenernos. Las dos escenas, una del principio y otra del final del largometraje histórico *Tierra de faraones*, las hemos visto en continuidad a través de diferentes ventanas del barrio y de diferentes televisores, cosa prácticamente imposible en la estricta realidad. En este caso, el reencuadre es triple: el encuadre de la cámara meganarradora, el de los marcos de las ventanas y el que corresponde al televisor a través del cual asistimos al visionado de *Tierra de faraones*. Esta huella enunciativa alude a una voluntad expresa de Guerín de evidenciar su filigrana, actitud que se opone al deseo más generalizado del borrado enunciativo que es lo que predomina a lo largo de toda la película.

Estos fragmentos versionados por Guerín se han rodado y se han montado con gran minuciosidad, por lo que el grado de manipulación es doble: por un lado, la fragmentación y remontaje de la película de

Howard Hawks de 1955 y, por otro, la manipulación propia de las imágenes rodadas en el Raval de Barcelona en 1999. Se trata de una intertextualidad muy presente en el cine de Guerín cuando introduce elementos de lo que él llama "memoria cinematográfica"[70].

Pero la metáfora de esta secuencia se relaciona directamente con el *faraonismo* de las autoridades municipales que, en su afán especulador, arrasan con todo un barrio sin tener en cuenta las vidas de las personas que lo habitan. Tampoco hay que desdeñar la moraleja que desprende la película americana, propia de la época: el destino castiga a Nellifer por su desmesurada ambición.

1h. 10' 36"

5.2.10. El alma va por dentro

Es de día. Una señora desde su ventana sube una bolsa con una cuerda, y despide con un gesto a la persona (fuera de campo) que le ha traído la compra. Se ve un edificio con seis ventanas, decadente por su deterioro, desde otro edificio donde trabajan los albañiles. Dos albañiles, con una vestimenta especial de protección, aplican una espuma sintética a la pared con una pistola neumática. Al fondo, a través de una ventana, se ve la espadaña de la iglesia románica. Otros albañiles construyen tabiques con ladrillos. Alguien canta fuera de campo.

Con la imagen de los tabiques que tapan las estructuras de hormigón y hierro, comenzamos a escuchar una conversación entre Juan López, el encargado de los encofradores, y Pedro Robles, el ferrallista: "...te esmeras en todo el asunto y luego te plantan ahí una pared por en medio y lo que nosotros hemos hecho no se ve para *nà*". Con un detalle de encofrados continúan los comentarios en *off.* Uno de ellos establece un símil entre el alma de las personas y la estructura del edificio: "Es igual que una persona: el alma va por dentro".

El símil que establecen estos dos profesionales de la construcción entre la estructura de un edificio y la persona resulta muy significativo y con ello, por encima de cualquier otra consideración, Guerín dignifica el oficio de la albañilería. Aunque de forma coloquial, estos dos trabajadores reflexionan sobre los eternos temas del cuerpo y el alma.

Los dos hombres que conversan aparecen sentados alrededor de un cajón que hace de mesa, con los restos de la comida y una botella de vino vacía. Al fondo del plano general que recoge a los dos hombres sentados, vemos la fachada de la pequeña iglesia de formas románicas. Hablan de que construir la estructura del edificio en el que trabajan es muy simple pero, sin embargo, es mucho más laboriosa la construcción de la iglesia románica que tienen a sus espaldas, la que hemos visto desde el principio. Insisten en que, por mucha calidad que tenga el

70 Guerín, J. L. (2004): conferencia inédita, *op. cit.*

edificio nuevo, va a ser más perecedero que la iglesia antigua.

Pero la conversación deriva a cuestiones más pragmáticas, sobre las viviendas del edificio que construyen para parejas jóvenes, lejos de las ciclópeas tumbas egipcias o de los monumentales templos románicos, como el de Sant Pau, o modernistas, como la Sagrada Familia de Gaudí.

> — La Sagrada Familia puede echar todo el tiempo que quiera haciéndose. ¿Por qué? Porque Jesucristo no tiene prisa en que se la terminen. La pareja que tiene ganas de casarse quisiera que le dieran la llave del piso al otro día de hacer la proposición. Por tanto, esto tenemos que hacerlo pronto, que aquí han comprado pisos cuarenta mil parejas.

Lo que quiere significar Juan es que las técnicas de construcción actuales son más simples que antes y, como consecuencia, las personas que hicieron los edificios antiguos tenían que ser muy inteligentes. También se pregunta cuánto costaría esculpir las piedras que forman las columnas, los capiteles y los arcos de medio punto a golpe de maza. Sobre la banda de audio de la conversación se insertan imágenes de detalle que corresponden al tema de la conversación: arcos románicos. En el momento en que Juan dice "A la mano del hombre no llega nada", vemos simultáneamente un detalle de una "mano" esculpida en la pared de la iglesia románica.

Pedro Robles, el ferrallista, más trascendental que Juan, subraya que algún misterio tiene que haber que queda fuera del alcance humano. Juan, más pragmático, se refiere a que la piedra natural no tiene envejecimiento y está muy bien puesta, esos son los únicos secretos para que edificios tan antiguos como los románicos sean sempiternos. Pedro sigue creyendo que debe haber algún misterio y se pregunta cómo podían subir esas enormes y pesadas piezas.

Juan argumenta que "entonces tenían todo el tiempo del mundo" y utilizaban presos para trabajar como esclavos. También utiliza explicaciones prácticas para demostrar que los bloques de piedra los subían con sistemas de poleas, incluso las antiguas pirámides de Egipto, donde las piedras estaban todas diseñadas y cortadas a su medida para que encajaran.

— En aquellos tiempos –dice Pedro–, no había arquitectos, ni había nada, pues esa persona tenía que estar iluminada o algo.

Juan contradice con gran prontitud la afirmación de Pedro, con una alusión explicita a una historia conocida a través de la ficción cinematográfica:

— Si nos fijamos en *Tierra de faraones*, sí había arquitectos entonces.

Y explica, a su manera y en un primer plano de cámara, la parte que le interesa del argumento de la película de Howard Hawks: el faraón (el rey, según Juan) quiso hacerse su tumba y buscó un arquitecto para que la construyera y que, además, nunca pudiera ser saqueada. Vinieron muchos arquitectos reconocidos que no le servían para nada, pero al final encontró el especialista que podía satisfacer sus deseos.

Juan siente una auténtica admiración por la sabiduría del arquitecto protagonista de *Tierra de faraones*.

— Cada vez que veo la película me quedo asombrado de aquel entonces, de lo que hizo aquel hombre, aquello es impensable. Con sólo un punto que accionaba...

Admira especialmente el sistema de sellado de la tumba del faraón. La forma en que se desplazaban los inmensos bloques gracias a la acción de las corrientes de arena y la ley de la gravedad que hacían bajar las piezas de piedra hasta quedar totalmente sellada.

Juan no deja de encontrar similitudes de la película con su oficio de encargado de obras: el retraso de los bloques de piedra traídos de lejanas canteras impacientaban al faraón, igual que a él cuando se retrasa el hormigón para los encofrados. También afirma que la recaudación de fondos que llevaba a cabo el faraón para hacer posible que los obreros no se debilitaran y pudieran seguir trabajando es el mismo sistema que se sigue hoy en día.

Estos diálogos entre Juan y Pedro se han desarrollado en continuidad narrativa, de planos y contraplanos, con *raccord*, utilizando toda la gama de la escala de encuadres, desde el más general con los dos personajes hasta primeros planos; lo cual indica que ha habido una preparación previa y cierta complicidad para acordar un espacio de rodaje y unos temas sobre los que estaba previsto que hablaran. Lo más sorprendente es que Juan ha admitido como verdad histórica, contrastada por el espectáculo audiovisual que ha presenciado ("visto y oído"), una ficcionalización cinematográfica producida 4.500 años después de los hechos narrados por una cultura tan distinta.

Juan López López hace una mención explícita de la película *Tierra de faraones,* a la cual admira, por lo que se desprende de sus palabras (seguramente la ha visionado en más de una ocasión por el conocimiento que posee de los detalles de la construcción de pirámides en el antiguo Egipto). No es, pues, una casualidad que en la escena anterior hayamos visto la emisión por televisión de fragmentos significativos de esta película. Guerín nos ha anticipado el debate sobre las diferencias y similitudes de las técnicas de construcción antiguas y modernas. Cuatro épocas y cuatro estilos arquitectónicos en juego: la pirámide de Keops de la película, la iglesia románica de Sant Pau, los edificios de viviendas de la industrialización catalana de principios del XX y la reestructuración urbanística del barrio en las puertas del siglo XXI.

El encofrador se sirve vino de la botella. Suena una sirena y rematan la escena con una sentencia chistosa.

— Los que se comen la uva no tienen perdón, con lo bueno que está el vino.

El ferrallista señala fuera de campo, donde miran. Por corte, el plano incluye a un tercer albañil sentado. En el cuadro entra Tania, la niña que ya hemos visto en secuencias anteriores, y saluda a los albañiles. Hay cierta complicidad entre los albañiles y la niña. Juan intenta sonsacarle quiénes organizaron las travesuras del pasado domingo cuando construyeron su casita dentro de la obra y quién ha dibujado en las paredes.

5.2.11. ¡Hay cada uno, nena!

1h. 17' 11"

Los obreros desmontan una tabla de madera del encofrado con dibujos infantiles. La pala excavadora derriba una puerta de hierro antigua y un muro. Desde lo alto lanzan objetos de derribo al suelo. Los albañiles avisan a gritos. Dos obreros sacan libros de estanterías. Una maza golpea una pared con la silueta de dos manos dibujadas, con los nombres escritos de Iván y Juana, y derriba los dibujos. Ésta era la casa que ocupaba la pareja. Unos obreros con el logotipo de su empresa grabado en la espalda del mono de trabajo (Enderrocs López de Barcelona) derriban un mueble con un póster de Bruce Lee.

En la calle los peatones pasan frente a los restos del derribo esparcidos por el suelo. Un indigente observa los objetos con cierto interés. En un contenedor, se ve una estampa enmarcada de un paisaje con árboles y casa rural. Una vecina que ya conocemos de las primeras secuencias, acompañada de un perro, pregunta por un cuadro a un obrero que acarrea restos al contenedor.

— Lléveselo.

— Pues no es feo, ¿verdad?

— No. No es feo.

Atar mira otro cuadro en el que un rayo de sol a través de unas nubes ilumina el mar, lo observa y se va. Otros transeúntes se detienen ante el contenedor. Un niño lleva unos juguetes. Ante el cartel publicitario de la obra, con el diseño de la urbanización que se proyecta construir (una avenida con palmeras), una máquina con una pala va derribando trozos de paredes.

Llega la noche y con ella las atracciones nocturnas. Vemos un detalle del cartel luminoso intermitente de Atracciones Apolo con frutas y campanas esquemáticas de una casa de juegos. A continuación, de un portal con el rótulo "Baile Apolo", sale Iván. En otra puerta, la de un hostal, apoyada en la pared, Juana habla con otra mujer. Un viandante pasa y se queda mirando. "Éste es capaz de venir y decir que subamos. ¡Hay cada uno, nena!", dice Juana, mientras se saca un cigarrillo. El hombre pasa de largo. Juana le comenta a su amiga que "su" casa la están derrumbando.

En esta secuencia, se nos muestra de forma perspicaz el ambiente nocturno del barrio, los locales de juego y la prostitución callejera, ocupaciones que conviven con una vida diurna de un vecindario pobre pero bastante convencional. Es la doble cara de un barrio que alberga diferentes grados de marginalidad social y económica, con actividades que generalmente son rechazadas por otros barrios de la misma ciudad, y se recluyen en guetos cerrados para no "molestar" al resto. En este sentido, es un barrio excepcional y trasgresor como la propia película que visionamos.

1h. 20' 23"

5.2.12. El capitalismo no durará tanto

El oficial albañil, Santiago Segade, y el peón Abdel construyen un tabique de ladrillos, en plena noche, iluminados con una antorcha eléctrica. Por lo que hablan, deducimos que llevan trabajando varias noches y durmiendo poco. Entre ellos susurran canciones y oyen y ven el ambiente nocturno de la calle mientras trabajan. Desde la calle llega un grito de: "¡Muerte al capitalismo!". Este grito ocasiona dos tipos de reacción en cada uno de los albañiles.

— ¡Vaya pájara que lleva! –exclama Santiago.

— Tiene razón que el capitalismo no durará tanto, replica Abdel.

Abdel, desde una marcada posición de conciencia de clase, desde una ideología de izquierda, intenta argumentar que el capitalismo acabará como acabaron el esclavismo y el feudalismo. A Santiago le molesta seguir hablando del tema. Como ya ocurrió en una secuencia anterior, no quiere hablar de política y corta la conversación cambiando de asunto.

— Estoy más tranquilo sin pensar en eso ni acordarme de nada.

Abdel, ante la imposibilidad de continuar con el tema de conversación, cambia el rumbo. Le habla de un poema árabe, "Carta a Dios", y le pregunta si es religioso. Santiago declara que nunca ha sido religioso, ni siquiera ha tomado la comunión.

Abdel, riéndose, dice que cada mañana canta la Internacional y acaban riendo los dos. Santiago, por su parte, contradice su propia afirmación anterior desvelando un resquicio religioso de su personalidad, cuando dice que reza cuando las cosas no le salen bien. Dice que tiene un rosario y una letanía de mil diablos. Abdel lo justifica, generalizando la actitud a cualquier ser humano que en momentos de debilidad sienten la llamada divina.

— Yo quisiera verlo. A ver dónde está. Y qué pinta tiene. Yo una vez le hice una pregunta a un cura y ¿sabes qué me contestó? No hagas caso que Dios no se mete en las cosas de la tierra. Y al mismo cura le dije ¿Me puede usted explicar lo que es el Misterio de la Santísima Trinidad? Dice, pues eso, es un misterio.

Abdel vuelve a cambiar de conversación y le pregunta por la época en la que él trabajaba en el cementerio haciendo nichos nuevos, trabajo que él no haría. Santiago contesta con cierto humor negro y demostrando que no tiene prejuicios en este sentido:

— Estábamos haciendo los nichos y yo ya me metía dentro a dormir la siesta.

Abdel es muy consciente en todo momento de que existe una cámara que está registrando su imagen y sus conversaciones. Intenta llevar los diferentes temas de conversación a su ideología, a una visión del mundo a través de una dialéctica de sesgo marxista. En un principio, cabría pensar que actúa de "gancho" del cineasta para tirar de la lengua a sus interlocutores y provocar situaciones de confrontación de ideas. Primero ofreció alcohol a su paisano marroquí y después incitó a su compañero en la obra para que opinara sobre la muerte, la existencia de Dios y la sociedad capitalista.

Por la información que nos facilitó Guerín[71], aunque no trató de colocar un gancho en el rodaje, buscó expresamente que el marroquí marxista y el gallego desencantado trabajaran juntos. Para ello, durante

71 Guerín, J. L., *op. cit.*

la investigación previa al rodaje, hubo que descubrir a aquellos personajes que pudiesen dar más juego delante de la cámara, a aquéllos que, o bien por ellos mismos o interactuando con otros, tuviesen la capacidad de provocar situaciones interesantes. En este sentido, en el documental, existe un *casting* o selección de los personajes más adecuados para conseguir los fines que el realizador se ha marcado.

En el caso de Abdel, por sus deseos de notoriedad o, como mínimo, por el placer de ser escuchado por alguien, es normal que aproveche la presencia de una cámara y un micrófono para provocar una discusión sobre un tema del que sabe y conoce mucho más que su interlocutor. Por estas razones, en las diferentes escenas en las que interviene, desempeña siempre un papel dinamizador de la situación provocando al personaje de turno con el que interactúa. Abdel es muy consciente de que, con los temas de discusión que el mismo propone, tiene la oportunidad de lucir su oratoria frente a la cámara.

En el momento de la conversación, en la que Santiago habla de los nichos, en la imagen vemos la proyección de sus sombras en la fachada de la casa de enfrente, provocadas por la antorcha de la obra que los ilumina. Estas siluetas de sus sombras en la pared evocan distintas situaciones más allá de los diálogos de nuestros personajes[72]. Estamos ante un elemento de estilo que el autor introduce como un sello propio o quizá un guiño al espectador que conoce su película anterior. En la primera parte de la película que ahora analizamos, hemos visto un juego similar de sombras proyectadas sobre la red de la valla de la obra.

Sin embargo, estas sombras, sólo por el hecho de ser nocturnas, en movimiento y muy deformadas, adquieren un carácter fantasmal. Nos transportan involuntariamente a mundos oníricos, a realidades virtuales donde la mente humana suele construir situaciones misteriosas y, a veces, incluso terroríficas; escenas de miedos, fantasías y soledades humanas sobre las cuales el cine internacional ha producido innumerables títulos clasificados en diferentes géneros y subgéneros (misterio, terror).

72 La sombra de una persona como reproducción deformada de ella misma ha producido en numerosas ocasiones un uso icónico en el cine de misterio o el de terror. Uno de los ejemplos míticos lo encontramos en la aparición del vampiro en *Nosferatu* (F. W. Murnau, 1922). Pero el cine, en general, es "un tren de sombras" como lo calificó Gorki. Guerín, partiendo de esta idea realizó su película *Tren de sombras* para homenajear al cine en su primer centenario.

5.2.13. Esas cosas sólo te pasan a ti

1H. 24' 56"

Por corte brusco aparecen una serie de planos generales del barrio iluminado por el sol: un entramado de grúas y andamios; la espadaña de la iglesia; otros edificios en construcción; al lado derecho, las Tres Ximeneies que conocemos por sus repetidas apariciones.

Juana e Iván juegan y se acarician mientras fuman un porro "al revés". La pareja se encuentra en la habitación de un edificio en proceso de reconstrucción, con las paredes cubiertas de aislante, tumbados sobre un colchón de espuma tendido en el suelo.

Juana se ríe de Iván y su padre:

— ¡Qué facha! Poner la música a tope de la Falange Española... Y va el vecino y les pega. Una semana sin salir de casa, con el ojo hinchado de la paliza que le metieron, tío. Sólo te pasan a ti esas cosas...

Juana lía otro porro mientras Iván duerme en sus brazos. Desde otro ángulo de cámara, Juana fumando, con síntomas evidentes en su rostro de estar drogada, mira a cámara y hace el signo de "cortar" con dos dedos en forma de tijeras. Este gesto es la marca enunciativa que revela la complicidad entre el personaje y el narrador, que volverá a repetirse entre las mismas instancias narrativas.

Al final, dormidos y abrazados, yacen en un rincón de la habitación. Es verano y sólo están puestos los marcos de las ventanas. A través de una vemos la espadaña, con la luz de la madrugada. Al fondo se oyen silbidos de golondrinas, el *leitmotiv* sonoro de la película por excelencia.

5.2.14. Bajo nieves como éstas

1H. 29' 23"

A través de los marcos de las ventana, con sus cristales rotos, continua la actividad de los obreros en el edificio de enfrente. De un andamio cuelga una lona publicitaria con la inscripción: "Pisos menuts. Plaça d'aparcament en venda. Local comercial en venda 502,70 m2. Facilitats de pagament. Finançament a 15 anys" y un número de teléfono de la ciudad de Barcelona. En el ambiente se escuchan voces infantiles. En los planos del principio los obreros van con ropa de verano, en los del final van abrigados con cazadora y suéter de lana. En el transcurso de este fragmento de imágenes descriptivas, se ha

producido una elipsis temporal que nos ha situado en pleno invierno.

Se ve el detalle de unos charcos de agua con una conversación en *off* de los albañiles. Abdelsalam Madris, el albañil novato, tiene frío y calienta sus manos en una hoguera de la obra. Santiago, el maestro albañil, corrige a Abdelsalam en el mal uso de una herramienta fundamental en la construcción como es el nivel. Una vez impartida la lección práctica, vuelve a su tarea. Mientras están levantando los tabiques exteriores del edificio y sobre el fondo de la iglesia románica, va cayendo una espesa cortina de nieve.

Según cuentan los periódicos, a partir de las diez de la mañana, en pocos minutos, la ciudad se cubrió de una capa de nieve de varios centímetros, como pocas veces se había visto[73]. Esta nevada se produjo el 21 de noviembre de 1999, domingo. El gremio de la construcción trabajaba con toda normalidad en un día festivo y, lógicamente, el equipo de *En construcción*, allí estaba para filmarlo. Pero todavía es más sorprendente escuchar, en un domingo, los cantos de niños de un colegio.

Si en una ciudad mediterránea como Barcelona es difícil ver nevar, todavía es más excepcional en la tierra de origen de los magrebíes que trabajan en la obra. Abdelsalam nunca había visto nevar. Abdel, sin embargo, sí había visto nevar de niño en las montañas de su pueblo. Para la vida de un niño, ver nevar por primera vez es algo maravilloso, mágico, y para él también lo es. En un colegio cercano a la obra se oye a los niños cantar un villancico típico del cancionero navideño catalán: *A vint-i-cinc de desembre, fum, fum, fum*.

El ambiente navideño creado, visto desde el trabajo de la construcción, invita a los personajes a hablar de la soledad. Santiago cuenta que él celebraba estas fechas bebiendo una botella o dos de vino, "cogía una gran trompa" y se echaba a dormir, una forma de no sentir la soledad. Abdelsalam, de cultura musulmana y ateo declarado, manifiesta que también bebe para olvidar. Sigue nevando copiosamente a través de los huecos que quedan en los tabiques.

73 "Gran nevada otoñal en Barcelona" en *La Vanguardia*, 22-11-1999, p. 35.

Abdelsalam aprovecha la coyuntura y vuelve a su discurso con el trasfondo de la lucha de clases:

— Santiago, bajo nieves como éstas, más frío todavía, se ha hecho la Revolución Rusa, los trabajadores del mundo... (mientras ríe y levanta la pala en señal de triunfo).

Santiago descubre que la noche anterior estuvo viendo un rato en televisión la película *El correo del zar*[74], cuando terminó la retransmisión del partido de fútbol. Abdelsalam, mientras observa la nieve cayendo con fuerza frente a la iglesia románica, introduce en la conversación una frase con una fuerte carga poética:

— La naturaleza está susurrando a Barcelona, mediante la nieve.

Se trata de un enunciado elaborado que sorprende al espectador, en un contexto extraño, insertado en unos diálogos de obreros de la construcción a pie de obra, supuestamente espontáneos. Es aquí donde se pone en evidencia la oposición entre un personaje idealista, con voluntad de creación poética, y otro que personifica el pragmatismo y la simplicidad. La secuencia temática se cierra con una frase contundente de Santiago que trata de evitar las complicaciones dialécticas de su compañero de tajo.

— No me rompas la cabeza, anda.

5.2.15. La soledad te machaca mucho

1h. 34' 04"

Mediante un plano de detalle vemos cómo unas manos con un martillo construyen un pequeño trípode, con tres clavos y una madera, para colocar encima un cazo con que calentar comida. Este plano cerrado de las manos sirve para mantener la continuidad narrativa. El espacio esencialmente es el mismo, los personajes y sus vestimentas también, pero hay un elemento temporal que ha cambiado bruscamente a partir del plano de detalle de las manos y el martillo: en el plano de conjunto que le sigue ha dejado de nevar totalmente. Este cambio meteorológico pone en evidencia la elipsis temporal que un plano cerrado ha tratado de disimular, una marca enunciativa que borra el tiempo elidido. También hay un cambio temático en los diálogos de los personajes, que han pasado de discutir sobre cuestiones relacionadas con las creencias religiosas y políticas a un tema con menos matices ideológicos: la sensación de soledad que afecta al ser humano independientemente de sus creencias.

74 De la obra original de Julio Verne (*Miguel Strogoff*, 1876) se han realizado diferentes adaptaciones para teatro, televisión, cómic y cine, entre las cuales destaca la que probablemente vieron nuestros personajes: *El correo del zar* (Strogoff, Eriprando Visconti, 1970).

Santiago y Abdelsalam, sentados en banquetas, comen frente a un tablón que hace de mesa, abren una botella de vino, beben y conversan. Abdel en un extremo, lee el periódico, bebe agua y se mantiene ausente, sin comer. Da la impresión de que está celebrando el ramadán.

Los diálogos vuelven al tema de la soledad y la incomunicación. Santiago es la segunda vez que alude de forma indirecta a esta cuestión, cuenta la anécdota de que algunos domingos por la tarde se encierra en la habitación, solo, y se bebe una botella de coñac. Dice que ni siquiera conoce a los vecinos que viven a su lado y, aunque Abdel asevera que hay que intentar convivir con la gente, Santiago se escuda en que "te llevas muchos palos" con las relaciones sociales. A pesar de todo, reconoce que la soledad, encerrarse consigo mismo, es malo y te da mal carácter.

— A la larga, la soledad te machaca mucho.

Hablan de salir de marcha. Abdel, el más joven, que estaba ausente de la conversación, invita a Santiago a apuntarse a la lista para salir. Éste abre todavía más sus intimidades y manifiesta:

— Yo, nunca jamás de la vida le dije a una mujer lo guapa que está, ni la Virgen. Me las arreglé como pude (ríen).

Abdelsalam explica las diferencias culturales y las costumbres que los hombres siguen en Marruecos para buscar una mujer; principalmente, tienen que entablar una conversación. Santiago reconoce su introversión y que en sus relaciones es tosco, no sabe ir con rodeos ni galanterías, siempre "va al grano".

— Si hubieras nacido marroquí a lo mejor no serias así (ríe). Hubieras sido más poético.

Han terminado de comer, son las tres de la tarde, suena una sirena y se levantan de la mesa para ir a trabajar.

Tras el detalle del dibujo de un rostro en la pared, la pala derriba el muro en el que han permanecido los dibujos al carboncillo de los nueve ojos humanos, dispuestos en tres filas de tres. Son los mismos que vimos en la secuencia del principio. Vemos cómo se derrumba el muro, un ojo tras el otro.

Estas representaciones antropomorfas confieren al edificio que están derribando una dimensión humana que –si bien ya viene dada por la función de vivienda que cobija a personas– los dibujos no hacen más que subrayarla. Y, como consecuencia, el brazo exterminador de la tanqueta que los destruye tiene una simbología de lucha fría de una máquina contra unos espacios cargados de

humanidad; una destrucción cuya finalidad no es otra que hacer resurgir el negocio de la especulación a partir de los escombros, como ave fénix que simboliza el capitalismo neoliberal en la ciudad de Barcelona –todo lo contrario de lo que preconizaba Abdel cuando, en una secuencia anterior, decía que "el capitalismo no durará". Un neoliberalismo marcadamente especulativo que paradójicamente ha sido auspiciado por los gobiernos municipales liderados por los socialistas desde la Transición democrática.

5.2.16. No hay cosa más elegante que los millonarios

1h. 38' 13"

Una pareja, desde el interior del bar, contempla el derribo de edificios mientras se abrazan y besan. A ese bar, con un camarero mudo, entra Atar cargado con todos sus enseres para charlar con un amigo jubilado, que hemos visto anteriormente. Si en las intervenciones anteriores no nos habíamos dado cuenta de la esquizofrenia de este viejo marino mercante, en esta conversación queda absolutamente evidenciado su estado mental.

— No hay cosa más elegante que los millonarios. Aquí me tienes, en cuerpo y alma. Cada día un pantalón, cada día una camisa, porque soy un hombre diferente a los demás. Me gusta comer bien, vestir bien.

— Mire que la ropa va cara...

— Adverbio de cantidad. Palabra *esdrujulísima*, carísima...

Atar no sólo altera su personalidad, sino que invierte su relación con la realidad en la que vive. Su egocentrismo hace que apenas escuche a su *partenaire* y, cuando lo hace, utiliza sus palabras para ahondar –más si cabe– en una irrealidad que él construye, como antídoto a su depresión.

La psicosis de Atar le lleva a alejarse y a considerarse muy por encima de su interlocutor en cuanto a sabiduría y conocimiento del mundo. Esto hace que caiga continuamente en expresiones pedantes.

Frente al idealismo psicótico de Atar, su amigo intenta en cada momento llevarlo a la realidad preguntándole por cómo va a pasar la navidad, si tiene novia... Las respuestas o son claramente evasivas o las utiliza para reconducir el tema y hablar de sus cosas, de sus experiencias en la marina, de sus "caprichos", o mostrar sus "cosas delicadas", como él las llama. Se trata de toda una serie de objetos variados y pintorescos encontrados en los contenedores de basura de la calle: un reloj dorado, un peluche sonajero, mecheros de diferentes tipos, gafas

subacuáticas de juguete... Por las expresiones faciales de su amigo que está en la mesa y del camarero mudo en la barra, deducimos que no dan crédito a las fanfarronerías que escuchan en boca del amigo Atar.

El diálogo entre estos dos personajes, su puesta en escena, es una de las situaciones típicas que se ha repetido entre diferentes grupos de personajes a lo largo de la película, cada uno con sus particularidades. Esta escena dialogada nos presenta a los dos personajes sentados en una mesa de un bar, en ángulo recto. En ningún momento se nos presenta un plano de conjunto con los dos personajes enteros, sólo vemos planos individuales. Los encuadres oscilan desde un plano medio a un primer plano largo de Atar, dentro del cual irrumpe una parte del cuerpo del interlocutor (cabeza, manos, brazos). Con ello, la escena está absolutamente fragmentada en planos y contraplanos con una continuidad espacio-temporal absoluta: *raccord* de movimientos y continuidad de los diálogos. Toda esta descripción nos hace pensar que se ha filmado con dos cámaras, de manera que Guerín propuso a los personajes la posición en la que están sentados y los animó a que dialogasen sobre determinados temas. El fragmento corresponde a una puesta en situación que, a tenor del montaje definitivo, el director consideró que daba juego dentro del conjunto de la película, especialmente porque construye un personaje tan complejo como Atar.

Por un corte brusco, en un plano general, vemos al Atar solitario, sentado en un solar del barrio, rodeado de las bolsas y del carrito que contiene todas sus pertenencias . Está anocheciendo. Atar bosteza, se saca un cigarro y se lo pone en la boca. En la banda sonora están presentes los graznidos de las gaviotas y la música estridente de un coche que pasa y se aleja. Con este plano, sin apenas movimiento y de larga duración, se pone de manifiesto la cruda realidad y la tremenda soledad con la que se enfrenta este fantasioso personaje.

Las tres recurrentes chimeneas que hemos visto en diferentes ocasiones a lo largo de la película vuelven a aparecer, pero sólo vemos dos, desde el mismo punto de vista de cámara. Otras chimeneas de ladrillo recién construidas en las nuevas edificaciones tapan una de las tres antiguas chimeneas industriales. El avance de las nuevas construcciones es inexorable, como el paso del tiempo.

5.2.17. Maitechu mía

1h. 45' 14"

Mientras Santiago sigue construyendo tabiques y repitiendo parte del estribillo de *Maitechu mía*[75], una canción nostálgica, Abdel inicia un tema que vuelve a provocar a su compañero. Habla de la falta de conciencia de clase, de la alienación, de que los pobres vayan por la vida con mentalidad de ricos, una alusión directamente relacionada con la escena anterior, cuando Atar alardea de un poder adquisitivo que no tiene.

Santiago, como en otras ocasiones en que le ha planteado temas que le resultan complicados, dice: "Me duele la cabeza". No es que quiera rehuir la conversación, sino que no le apetece hablar de temas transcendentales, con implicaciones políticas y, menos todavía, con la conocida carga ideológica que imprime Abdel a los temas que plantea. Abdel cambia de tema y le pregunta si está enamorado. Esta sorprendente pregunta provoca la risa de Santiago.

Entra en escena López, el encargado de la obra, informando de un tema del trabajo; Abdel lo interrumpe para darle el pésame por la muerte de su madre. Tanto el uno como el otro aprovechan para reflexionar brevemente sobre la muerte y referirse a temas como "los momentos de la espera" y "el final de los egoísmos". Abdel, en un tono adulador que contrasta con su posicionamiento revolucionario, informa al encargado de lo obvio: "Voy a recoger esto que molesta aquí". Esta actitud aduladora se contradice con la "teoría de la alienación" a la que se refería en la escena anterior cuando conversaba con Santiago el albañil.

La presencia del pésame es una expresión de quien se siente afligido ante la muerte, un tema recurrente a lo largo de la película, desde

75 La popular canción *Maitechu mía* (Francisco Alonso y Emilo Gonzláez, 1927) narra la historia del emigrante que se fue para hacer fortuna y siente nostalgia por el amor que perdió.

la aparición de los esqueletos en los cimientos del edificio hasta la propia muerte del antiguo edificio que ha sido derribado.

Otra vez, Santiago y Abdel, sentados frente a los tablones que hacen de mesa de almuerzos, se cuentan sus pesadillas. Toda la conversación gira alrededor del miedo a la muerte y de la similitud que las pesadillas tienen con el mundo real. El realismo de las situaciones soñadas es lo que hace sufrir en primera persona a nuestros dos personajes.

La canción que susurra Santiago al principio de la escena, *Maitechu mía*, es otra alusión más al carácter de emigrantes de nuestros personajes, no sólo de los dos magrebíes que es más evidente, sino del propio Santiago que siendo de origen gallego tuvo que emigrar a tierras catalanas. Cualquier tipo de migración por necesidades económicas suele recurrir a los relatos cargados de tristeza y melancolía hacia la tierra que involuntariamente han abandonado. Una gran parte de los vecinos del barrio, como hemos podido comprobar, son inmigrantes de procedencias muy diversas que le confieren el carácter cosmopolita a la ciudad mediterránea.

5.3. Tercera parte

1h. 49' 30"

5.3.1. Desenlace: Que no tiendan ropa en el balcón

Un detalle del dibujo de una casita que hizo uno de los niños en su invasión dominical a la obra, ahora, queda cubierto por el yeso que recubre las paredes de hormigón. El trabajo de los yeseros significa el principio del acabado de las obras y el borrado definitivo de las vivencias y las ilusiones de otras gentes que habitaron ese mismo lugar.

Los técnicos de la obra seleccionan meticulosamente los diferentes tipos de sonidos de un muestrario de timbres que después instalarán en las viviendas.

Se acerca el final de la obras y con ellas el de la película, el metadiscurso de la construcción se redondea y evidencia en el momento de su culminación y desenlace. Guerín imprime su sello autoreflexivo con la metáfora que reemplaza el edificio por la película, haciendo suya la idea de que, sin texto previo, el guión de una película de carácter documental sólo termina cuando ésta llega a su final.

El guión en el cine y los planos en la construcción de edificios son proyectos plasmados sobre papel que pierden toda su utilidad cuando llegan a su objetivo, su validez es perecedera como la vida de los gusanos de seda. Como afirman Carrière y Bonitzer, “el guión es un estado transitorio, una forma pasajera destinada a transformarse y a desaparecer, como el gusano que se convierte en mariposa".[76] Hugo Domènech se expresa en esta línea que reafirma la provisionalidad del guión:

> En realidad, cuando construimos un guión somos conscientes de que se trata de un texto nacido para morir, abocado a su utilización como herramienta, efímero; su cambio nunca se detiene, nunca podemos hablar de un "guión final", salvo aquel que se construye a partir del film terminado, leyendo y anotando cada una de sus partes y evoluciones.[77]

A través de los cristales enmarcados de una ventana (otra vez la marca enunciativa de los sobreencuadres), vemos un andamio colgante en un plano general dividido en cuatro rectángulos. Suspendido del mismo, trabaja un grupo de albañiles. La cara exterior de los tabiques del edificio se ve remozada con mortero, pero en el interior todavía queda algún reducto que puede acoger a un indigente en la fría noche.

Desde el barrio en obras, en un gran plano general nocturno, vemos un castillo de fuegos artificiales. Esta noche, la ciudad celebra algún acontecimiento importante. A la misma distancia del aparato pirotécnico en continuo movimiento, observamos dos edificios iluminados que sobresalen del resto, uno con el reloj giratorio del BBV y el otro del Banco Vitalicio, que ya conocemos de secuencias anteriores. El mendigo transeúnte que esta noche ha encontrado cobijo en la obra en construcción, arropado por una manta, disfruta del espectáculo pirotécnico. Dos mundos distintos que cohabitan en el espacio urbano, los que viven dentro de las convenciones sociales y los que pululan por sus márgenes. Mientras la burguesía celebra su final de fiesta con todo lujo de artificios, a la indigencia urbana sólo les resta la observación de sus luces efímeras.

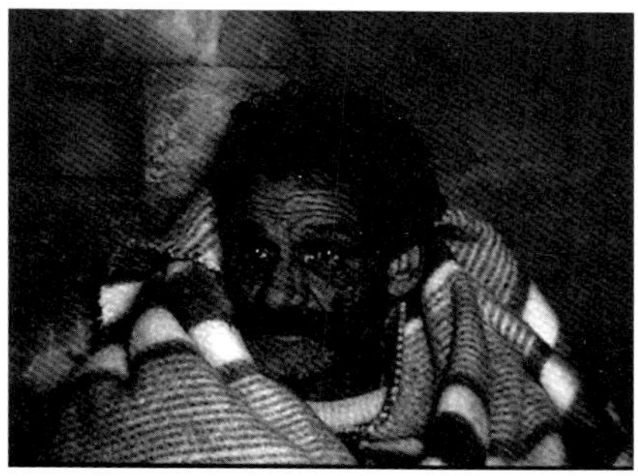

76 Carrière, J. C. y Bonitzer, P. (1991): *Prácticas del guión cinematográfico*, Barcelona: Paidós, p. 13.

77 Domènech, H. (2008): "L'organització de la producció d'un documental" en Marzal, X. y Gil, L.: *Eines per a la producció de vídeo documental*, Benicarló: Onada, p. 70.

La yuxtaposición del gran plano general con edificios emblemáticos de las finanzas (BBV y el Banco Vitalicio) y el plano medio del indigente bigotudo, sin afeitar y envuelto con una manta de caridad contrapone dos mundos dispares y, sin embargo, cercanos en el espacio. Las miradas entre ambos mundos no son recíprocas: el pobre observa con resignación los signos de ostentación del rico, pero no ocurre al revés. Las clases opulentas tratan de ignorar y hacer invisibles la pobreza y la marginalidad. Guerín con estos dos planos pone en evidencia las grandes contradicciones de la sociedad capitalista.

El sonido de los cohetes y la pólvora nocturna dan paso, una vez más, al graznido de las gaviotas en una mañana soleada del invierno. Una mujer embarazada tiende ropa de niños en su terraza. Una imagen que respira vida y futuro concuerda con el edificio al que falta poco para ser estrenado. Pero, al mismo tiempo, sin embargo, la vida que se augura en las nuevas viviendas contrasta con el futuro incierto de las gentes de edad avanzada que habitan los viejos edificios. Una mujer, como hemos visto otras veces, anticipadamente, sube una bolsa con la compra con una cuerda desde su balcón. Esta imagen se contrapone al diseño postmoderno de los interiores de los edificios recién construidos y a las visitas de los compradores potenciales.

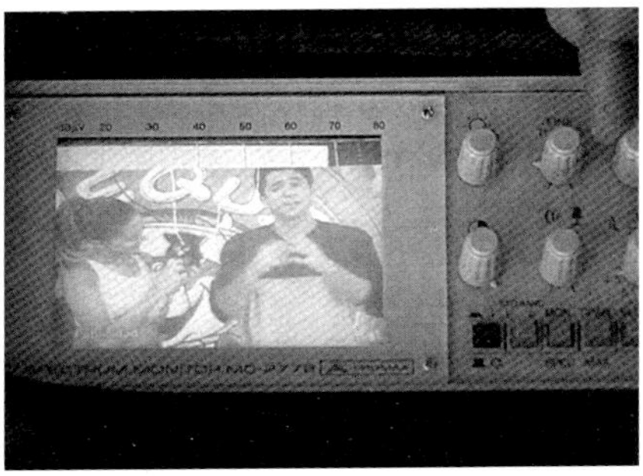

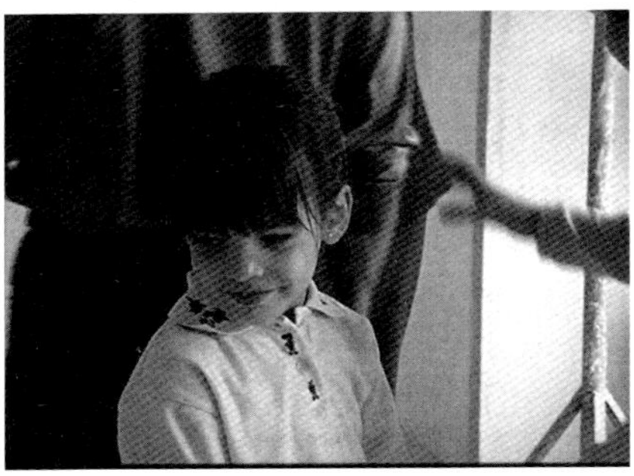

Una mujer joven, comercial inmobiliaria, acompaña a diferentes grupos de clientes mostrándoles las ventajosas cualidades de estas viviendas. Mientras, los obreros continúan con el acabado de los interiores, cantando y trabajando, ajenos a las visitas.

Durante la visita de una pareja de compradores con sus niños, el técnico encargado de sintonizar los canales de televisión visiona un par de programas infantiles de dos emisoras. Estas dos imágenes simultáneas referentes a niños evocan juventud, vitalidad y futuro para la nueva urbanización.

Una de las "cualidades" que vende la comercial son las vistas desde las ventanas que dan a la iglesia románica y, sorprendentemente, el hecho de que el edificio esté construido sobre los restos de un cementerio romano. Esa pátina de objeto antiguo que le confiere el entorno es un valor añadido que el márqueting comercial aprovecha oportunamente para vender. Pero la otra cara del entorno, se quiera o no se quiera, es el barrio obrero y marginal que el urbanismo municipal y los intereses inmobiliarios tratan de borrar del mapa o, en el mejor de los casos, hacerlo invisible.

Las dos primera parejas de clientes hablan en español, pero las siguientes son de habla catalana (los espectadores podemos acceder a los subtítulos en español del diálogo). Una pareja mayor hace algunos comentarios curiosos, en diferentes momentos intentan distinguirse y distanciarse de un entorno "vulgar" o "feo", según sus opiniones. Sin ningún tipo de contención, muestran sus refinados gustos de clase social acomodada.

— Hay mucha gente que come en la cocina con una mesita. A mí, en la cocina no me gusta comer. Respeto todas las opiniones, pero a mí, en la cocina, no.

— "¿Entonces, para que quieres el comedor?" –responde retóricamente la pareja más pija para justificar el razonamiento sobre modales domésticos de clase.

A una pareja joven le preocupa cómo se restringirá el acceso al bloque nuevo.

Oímos en voz en *off* varios comentarios significativos sobre el distanciamiento que los nuevos clientes pretenden sobre el entorno social existente en el barrio. En la imagen vemos balcones deteriorados, con niños descuidados y abundante ropa tendida. Esto tampoco entra en el manual burgués de comportamiento y, según dicen, esperan que con los años todo esto sean casas nuevas y las vistas sean todas más bonitas.

— Lo que no quiero es que tiendan ropa en el balcón.

— Tender en las fachadas está prohibido.

— Una cosa muy importante; a ver qué vecinos tienes. Es muy importante, si el vecino está bien, es guapo...

La pareja más mayor se dirige a los edificios de vecinos antiguos con gestos de menosprecio y su mujer lo ratifica con un comentario con la misma actitud de desdén: "Queda feo, queda feo...".

Sin embargo, mientras los carpinteros colocan las puertas, una pareja joven con su hija no parece tener los mismos prejuicios que los clientes anteriores. La niña saluda a un señor mayor en un balcón con ropa tendida. Esto representa la otra cara dentro de la misma clase social, como mínimo, es una burguesía aparentemente más tolerante y permisiva.

Con la aparición de los compradores en la obra, potenciales habitantes del remodelado barrio, se cierra la historia del edificio que "nace y muere con el siglo" y vuelve a renacer en el nuevo milenio para nuevos inquilinos. Pero no por nuevo es mejor. Para un barrio, como el Chino de Barcelona, con personalidad y multitud de características propias, se augura una integración total en la metrópoli globalizada, despersonalizada y sin matices que tiende hacia un pensamiento estandarizado y hacia la robotización de sus individuos.

Con su transformación, el edificio protagonista ha concluido su historia; sin embargo, el paisaje humano dibuja una historia sin final, como veremos en la siguiente y última secuencia.

2h. 01' 47"

5.3.2. Epílogo: Un paseo a caballito

Iván monta "a caballo" sobre Juana y pasean por toda la calle. La cámara los sigue con un *travelling* de retroceso de unos cuatro minutos, muy largo para mantener un plano en pantalla.

Los personajes, aunque con un futuro incierto, siguen deambulando por las calles, sin vuelta atrás. No se puede retroceder, está prohibido por la señal de tráfico que dejan a su espalda. Juana va mostrando poco a poco signos de cansancio, saca la lengua y pide al director que corte la grabación. En ningún momento deja de sonreír. También en la banda sonora hay signos de nostalgia y despedida: al fondo se escuchan sonidos urbanos y unas voces que cantan una melodía popular gallega, *A Rianxeira* (Xesús Frieiro y Anxo Romero, 1947).

Ondiñas veñen / ondiñas veñen e van /
non te embarques, rianxeira /
que te vas a marear.

La mujer ya no soporta el peso. Iván baja del caballito e invierten los papeles. Juana se sube a la espalda de Iván y siguen caminando. El *travelling* de retroceso continúa hasta el corte final a negro. No hay fundido porque no hay un final para las tramas que protagonizan los personajes humanos del barrio. La película se corta bruscamente porque así lo ha decidido su autor, hay que finalizar la película, pero la historia sigue, la vida sigue.

Sobre el negro van apareciendo los títulos de crédito en caracteres rectos y blancos, lentamente, de abajo hacia arriba. De fondo oímos el mismo sonido de las gaviotas del principio de la película, seguimos estando en el mismo barrio portuario. No hay un final, todo continúa igual. El graznar de las aves marinas cierra el círculo, une el final con el principio de la película.

El itinerario sin fín deja un final abierto que augura un futuro incierto para sus protagonistas. El espacio urbano se ha transformado. Sin embargo, el paisaje humano marginal ha sido sustituido por nuevos habitantes integrados y con cierto poder adquisitivo. El barrio no será el mismo porque en él no habitarán sus antiguos vecinos, pero todo seguirá igual para ellos, en otros barrios o en otros mundos. Los que no poseían nada seguirán siendo los desposeídos, en cualquier otro lugar.

6. Recursos expresivos y narrativos

6.1. El sonido directo

Dedicar un apartado a la banda sonora de *En construcción* y a continuación afirmar que ésta no incluye música instrumental propia –ni siquiera en los títulos–, puede parecer una paradoja pero no lo es. La banda sonora es mucho más que música, son todos los sonidos que desprenden todos los elementos que aparecen tanto en el encuadre como fuera de él. Gómez Tarín resume estas posibilidades sonoras cuando afirma que "en todo film hemos de considerar la voz, el ruido, la música y el silencio, que son cuatro categorías sonoras susceptibles de aparecer en él y, a su vez, son combinables entre sí, con o sin sincronía"[78].

Los pájaros (*The birds*, 1963), de Alfred Hitchcock, es paradigmática en lo que se refiere a la manipulación electrónica y el uso narrativo de los sonidos. No sólo no hay música de fondo sino que los ruidos (los graznidos de los pájaros, los pasos de los niños, el motor de la camioneta) y los silencios son tratados con la intensidad emotiva y dramática de una banda sonora musical. Según señala el propio Hitchcock, "creo que hacíamos algo experimental con todos esos sonidos auténticos, que estilizábamos luego con el fin de extraer de ellos un mayor dramatismo"[79].

La principal música que encontramos es la de *Escándalo*, el bolero que cantan los albañiles *a capella*, en cuya letra se hace explícito el carácter observacional de la película. Un posicionamiento claro del autor enunciado por los personajes, a través de la letra de una canción, "seguir la corriente" como una forma de no intervención.

No hagas caso de la gente,
sigue la corriente y quiéreme más...

La canción trata de reivindicar la tolerancia, la libertad de actuación, frente a las censuras que imponen las convenciones sociales. También reivindica metafóricamente el estilo y las formas discursivas de *En construcción*, situada en una línea no convencional y de máxima libertad creativa. La historia de amor que cuenta la canción es de una relación apasionada y difícil, o quizá imposible por escandalosa, que se desarrolla al margen de las convenciones burguesas. Una metáfora de los propios personajes que habitan en el barrio y del propio texto fílmico que urde Guerín, marginal y mestizo como el bolero.

... que si esto es escandaloso,
es más vergonzoso no saber amar.

Otra canción significativa, muy sutil y mezclada con ruidos de fondo, es la que oímos en el último plano-secuencia. Durante el largo *travelling* que acompaña a Iván montado a espaldas de Juana, unas voces entonan la popular *A rianxeira*, una canción que expresa la nostalgia que el emigrante siente por el país que tuvo que abandonar. Pero esta melodía melancólica, aunque diegética, procede del fuera de campo y podemos atribuirla a la memoria colectiva de los personajes como inmigrantes. No es una canción gratuita en un barrio como el Raval

78 Gómez Tarín, F. J. (2003): *Lo ausente como discurso: elipsis y fuera de campo en el texto cinematográfico* (tésis doctoral). Universitat de València, p. 426.

79 Truffaut, F., *op. cit.*

de Barcelona, con una amplia mayoría de gentes que inmigraron de muy diferentes procedencias.

También, la canción susurrada por Segade, *Maitechu mía*, alude al mismo tema: el emigrante que se fue para hacer fortuna y tuvo que abandonar no sólo su tierra sino también a su amada. Es una referencia explícita a la migración por cuestiones económicas, motivo que ha impulsado a la mayoría de los vecinos que cohabitan en el Chino de Barcelona.

Cantado por voces infantiles, escuchamos otra canción muy reveladora, el villancico tradicional catalán internacionalizado, titulado *Fum, fum fum*. Lo escuchamos en *off* y nos descubre un fuera de campo muy significativo: la existencia de un colegio con niños (sólo vemos la fachada del edificio) en un barrio tan poco convencional. Este sonido, además, contextualiza el relato en el seno de la cultura oficial, el de la sociedad catalana y cristiana dominante, a pesar de los flujos migratorios procedentes de otras culturas y otras religiones (islamismo e hinduismo). El villancico es el complemento sonoro a la imágenes de los copos de nieve cayendo sobre el colegio y la iglesia de Sant Pau para crear el ambiente navideño que se pretende evocar.

La banda sonora está dominada por el sonido directo de los diálogos de los personajes y de los ruidos sincronizados. No obstante y aunque en general se trata de sonido diegético, en algunas ocasiones se ha tenido que naturalizar un sonido ambiente captado separadamente de las imágenes y cuyo resultado es absolutamente coherente y verosímil. Por ejemplo, al principio y al final de la película, los sonidos que emiten las aves marinas cohesionan y contextualizan la secuencia de imágenes y los títulos de crédito que les suceden o anteceden (al principio y al final, respectivamente), pero es prácticamente imposible que se tomaran simultáneamente imágenes y sonidos. Lo que vemos y oímos es el resultado del montaje cinematográfico convencional, aunque su análisis pormenorizado pone en evidencia el carácter "documental" de las tomas de cámara y la falsificación de la realidad representada.

Otro producto del minucioso trabajo de montaje sonoro son los planos que reproducen las locuciones de una emisora de radio en un automóvil, las noticias del telediario en el televisor del bar y los diálogos de *Tierra de faraones* en distintos monitores de distintas casas del barrio. Todos estos fragmentos intertextuales han sido montados en continuidad para cohesionar los planos que forman parte de la misma secuencia, creando unidades de espacio y tiempo. La continuidad sonora entre planos es el elemento que los cohesiona y les da esa unidad. La utilización de fragmentos de procedencia y materiales diversos adquieren un nuevo valor y entronca, una vez más, en la metáfora de la construcción discursiva. Se trata, como en un puzle, de la construcción de un texto fílmico mediante "trozos" procedentes de la realidad y a los que, en el nuevo contexto, se les dota de un sentido inequívoco.

El sonido directo de *En construcción*, como hemos visto, no deja en ningún momento de ser objeto de una manipulación parcial, sin prejuicios, tanto en la toma como en el montaje, cosa que ni desmerece el trabajo del realizador ni puede ser de otra forma, al menos en un trabajo creativo como el que estamos analizando.

6.2. Montaje de fragmentos de la realidad

Los encuadres que construye Guerín son de una gran precisión y meticulosidad en todas sus películas y, en la que nos ocupa, la cámara no se mueve ni un ápice. Sólo si hilamos muy fino podremos ver algún mínimo y ligerísimo movimiento de reencuadre. Los encuadres fijos, sin panorámicas, *travellings,* ni ángulos extraños, nos remiten a los orígenes del cinematógrafo, a la memoria histórica tan recurrente en las películas de Guerín. Se trata de planos autosuficientes, en la mayoría de los casos, que denotan la imposible búsqueda de esa "mirada primitiva" que según Company y Marzal está presente en *Tren de sombras*, sobre la cual comentan:

> Si queremos aprehender dicha mirada en nuestro aquí y ahora, no tenemos más remedio que meditar, de alguna manera, sobre la problemática de los diferentes modelos de representación en el cine de los primeros tiempos.[80]

A excepción del último plano-secuencia de la película, que es un *travelling* de retroceso, la inmovilidad de la cámara hace que las huellas de la enunciación que se manifiestan a través del movimiento de los encuadres queden borradas. Santiago Vila se reafirma en esta misma línea de declaración del primitivismo cinematográfico, refiriéndose concretamente a la sucesión de planos fijos en la película que nos ocupa.

> El film de Guerín *En construcción* (2001) se integra perfectamente en esta tendencia de reutilización de estilemas primitivos con propósitos experimentalistas, puesto que se trata de un montaje de planos rigurosamente estáticos –a excepción del último, un *travelling* frontal–, en la más pura ortodoxia del cine de Lumiére.[81]

Son planos neutros, aparentemente objetivos, con profundidad de campo, con los mínimos y sutiles indicios enunciativos que alerten al

80 Company, J. M. y Marzal Felici, J. (1999): *La mirada cautiva. Formas de ver en el cine contemporáneo*. Valencia: Generalitat Valenciana, p. 132.

81 Vila, S. (2004): *Deseo en la imagen. Cine y fantasma en el 11 de septiembre*. Valencia: Aletheia, pp. 29.

espectador de la existencia de una instancia narradora (meganarrador) que toma imágenes para construir un relato de forma "mimética". Se trata de lo que Jost y Gaudreault denominan "focalización espectatorial", en la cual, la cámara no está marcada por la visión de ninguno de los personajes, la presencia del narrador es poco evidente y se privilegia la posición de espectador como observador del conjunto del relato por encima de cualquiera de los personajes[82].

En las escenas en las que se suceden planos y contraplanos de los personajes dialogando (presumiblemente realizadas con dos cámaras), los cortes entre plano y plano gozan de una perfecta continuidad espacio-temporal, lo que nos hace pensar en una planificación previa de los encuadres de cámara y de las acciones que desarrollan los personajes (movimientos, diálogos, miradas). En la última escena de la trama protagonizada por José Manuel (encofrador, hijo del encargado) y Sonia asomada al balcón, hay un ejemplo evidente que corrobora lo que estamos afirmando. La sucesión de planos y contraplanos a diferentes escalas (de mayor a menor), con cruce de miradas incluidas y montadas en continuidad, no es "propia" de un documental sino del clasicismo más depurado del mal llamado "cine de ficción". Gómez Tarín comenta este aspecto:

> Esta continuidad está muy lejos de las convenciones del documental y responde mucho mejor a las del cine de ficción narrativa. Pero es un precedente colocado ahí, en el bloque de inicio, cuya función es anunciar que *En construcción* va a mostrar sus "tripas" a través de procesos constantes de "construcción de continuidad fílmica[83].

No justificaríamos estos detalles si no estuviésemos hablando de documental, pero lo subrayamos para desmitificar la persistente creencia de querer identificar el documental con una "representación fidedigna de la realidad" o con un supuesto "cine de no-ficción".

Eso no significa que Guerín, en sus puestas en escena, no se haya dejado llevar por las acciones espontáneas de sus personajes, sino todo lo contrario, sólo que desde posiciones analíticas intuimos que las puestas en escena se han creado a partir de dos supuestos:

a) Adaptar el dispositivo técnico a las situaciones que observa en la realidad cotidiana, con una manipulación mínima de los encuadres de cámara y del montaje, sin alterar el profílmico.
b) Recrear situaciones que se han dado con anterioridad al rodaje, manipulando el profílmico para adecuarlo a esas recreaciones.

---

82 Jost, F. y Gaudreault, A., *op. cit.* pp. 139-144.

83 Gómez Tarín, F. J. (2005): "El documental en construcción y la cámara urbana", en *Cahiers d'études romanes* nº 16: La ville dans le cinéma documentaire espagnol. Aix-en-Provence: Université de Provence.

En los dos casos, entraría en la línea de "documentales directos manipulables" fruto de una investigación previa que permite dibujar una línea narrativa, tal como describe Feldman[84]. Se trata de escenas cotidianas con personajes a los cuales se les puede pedir que repitan una determinada acción o una escena entera.

Desde que Nanuk (*Nanuk, el esquimal*, R. Flaherty, 1922) mirara hacia el objetivo de Flaherty como signo de complicidad entre ambos, la mirada a cámara de los personajes es una marca enunciativa bastante común en el cine documental[85]. Aunque en *En construcción* se da de forma muy sutil, no es menos cierto que ocurre en varias ocasiones. Veamos los nueve ojos humanos dibujados en la pared como un primer anticipo de las miradas de los personajes al objetivo de la cámara. Éstas son:

- Atar el marino y diversos transeúntes ponen en evidencia la presencia en la calle del equipo de rodaje, mirando a la cámara y advirtiendo al personal técnico que toma el sonido y la imagen.
- Una madre con su hijo en la necrópolis romana mira y señala: "Esto son piedras, la radio, la televisión".
- Una prostituta con abrigo de piel se para y mira al equipo que la filma.
- El encofrador, después de una discusión con el encargado, mira a la cámara y sonríe.
- Finalmente, Juana, fumando un porro, mira a cámara y hace el signo de "cortar" con dos dedos en forma de tijeras, un signo que la misma mujer vuelve a repetir en la escena final.

Se trata de la huellas sin borrar que permanecen en el palimpsesto de las imágenes registradas por la cámara, que no han sido expresamente eliminadas del montaje final y explicitan el carácter documental de la película.

El cine de observación es un cine realizado sin claqueta, donde el operador de cámara debe estar a la espera de que ocurra algo –previsto o imprevisto– y rodarlo. En muchas ocasiones, debe improvisar encuadres y grabar imágenes y sonidos de la forma más discreta, sin llamar la atención. El resultado final es que se acumula mucho material en bruto –120 horas en el rodaje de *En construcción*–, con lo cual, sólo para la selección de fragmentos se necesita una enorme paciencia, minuciosidad y gran capacidad de organización del trabajo

84 Feldman, S. (1996): *Guión argumental. Guión documental*. Barcelona: Gedisa, p. 74.

85 Gil Puértolas, L., *op. cit.*

para construir las secuencias y dejar un montaje final que, en el caso que nos ocupa, es de más de dos horas.

Pero precisamente en la película que analizamos apenas hemos visto dibujados los planos del edificio en construcción de la película, porqué –paradójicamente– *En construcción* se ha realizado sin guión, al menos sin un guión completo escrito con anterioridad. En una misma secuencia (5.2.2. *Sólo nos traen para trabajar*), aparece el croquis que maneja el encargado para construir un encofrado y vemos, también, el reverso de los planos sobre papel que escudriñan los albañiles magrebies. Es decir, el espectador realmente sólo ve un croquis, un apunte sobre como construir una escalera de hormigón. También *En construcción* es una película de apuntes sueltos, sin guión previo, que se ha ido montando a base de fragmentos extraídos de la realidad; un puzle de piezas cohesionadas a través del tema que las vincula y de diferentes *leitmotiv* recurrentes que las mantiene unidas.

El proceso de *En construcción* tiene la particularidad de que –al trabajar sin guión previo al rodaje– las posibilidades de articular el discurso fílmico recaen obligatoriamente en el montaje, tal como ha manifestado reiteradamente el propio Guerín. En la misma línea reivindicada por Dziga Vertov –admirado por Guerín–, se trata de ir acumulando lo que el cineasta ruso llamó "fragmentos de energía real" que sólo toman sentido en la sala de montaje, donde se escribe el guión definitivo. No un guión escrito sobre papel, sino sobre película. Como señala Feldman, un guión documental no está terminado mientras no se termine de montar la película[86].

6.3. Intertextualidad, metatextualidad y cinefilia

La filmografía de Guerín es bastante corta. Tan sólo ha realizado siete películas en un periodo de 26 años, cuestión que se explica por su peculiar forma de producir y realizar, que –como su amigo Víctor Erice– requiere de mucho tiempo para preparar y filmar cada película. Sus películas gozan de una gran singularidad, razón por la cual Quim Casas lo califica de "inclasificable"[87]. Javier Marzal, sin embargo, se refería a su filmografía en otros términos:

> Sus películas son una demostración de una gran coherencia creativa e inteligencia que no son nada frecuentes en el panorama contemporáneo. [...] Catalogado como director de documentales, la obra de Guerín trasciende este tipo de categoría. Más bien cabría decir

86 Feldman, S., *op. cit.*

87 Casas, Q. (2002): "JLG, retrato de un cineasta inclasificable", en el DVD *En construcción*, Barcelona: Planeta.

que Guerín es, entre otras cosas, un cineasta que reflexiona sobre la naturaleza del cine y que invita al espectador a compartir sus inquietudes acerca del cine.[88]

Una constante en Guerín es la presencia del cine dentro de su cine, pero más que citas intertextuales u homenajes a sus autores preferidos, existe una reflexión recurrente sobre el cine y sus implicaciones éticas. En este sentido, se trata de una cinefilia totalmente alejada de la mitomanía del coleccionista que llega a devorar incluso la vida privada de actores, actrices y directores, que tanto abunda y que tanto confunde al público. Juan M. Company define muy acertadamente este aspecto del cineasta:

> José Luis Guerín es un cinéfilo, pero no es un cinéfilo que piensa que se puede redimir la vida a través del cine, es un amante del cine en tanto que el cine es un instrumento del conocimiento de nosotros mismos y de la realidad que nos circunda[89].

José E. Monterde se expresa en esta misma línea argumentativa para decir que "se trata de una cinefilia basada en un profundo conocimiento de la historia del cine [...] producto a la vez de admiración y de reflexión"[90]. Precisamente, una de las curiosidades que cuenta el propio Guerín acerca del periodo de rodaje son las continuas visitas a la Filmoteca barcelonesa del equipo de producción formado, como se sabe, por estudiantes universitarios de tercer ciclo.

En el inicio del documental que analizamos, hay tres citas fílmicas fundamentales en formatos subestándar (cine marginal). Se trata de una mirada restrospectiva al barrio portuario, dedicado a la prostitución y al juego, en su época de esplendor; imágenes de archivo que constituyen un elemento muy utilizado como citas intertextuales en el cine documental porque principalmente le aporta legitimidad, tal como explica Agustín Rubio:

> Por motivos muy diversos, se les atribuye un carácter testimonial e indicial por el cual el producto adscrito a nuestro género extrae legitimidad, como una característica distintiva por excelencia. La imagen y el sonido de archivo se atribuyen la condición de fragmento, o reconstrucción a partir de vestigios, de una realidad social existente previamente[91].

---

88 Marzal FELICI, J., en la presentación, junto a Juan Miguel Company, de la conferencia: "Nociones sobre el cine y la libertad" impartida por José Luis Guerín. Universitat Jaume I, Castelló de la Plana (24-04-2004).

89 Company, J. M., *ibídem*.

90 Monterde, J. E. (2007): "José Luis Guerín" en Cerdan, J. y Torreiro, C.: *Al otro lado de la ficción*. Madrid: Cátedra, p. 117.

91 Rubio, A.: "Les imatges i el so d'arxiu" en Marzal Felici, X. y Gil Puértolas, L. (2008): *Eines per a la producción de video documental*. Benicarló: Onada, p. 85 (traducción propia).

Por supuesto que los fragmentos retrospectivos en blanco y negro no pertenecen al cine oficial de la época –años cincuenta y sesenta del siglo pasado–. Son miradas atrevidas a temas tabú, a una marginalidad que no podía aparecer de ninguna manera en el noticiario franquista (NO-DO). Guerín introduce tres fragmentos retrospectivos sin intenciones nostálgicas, escudriña en el archivo para documentar el presente, para atrapar el tiempo y recuperar la memoria cinematográfica de aquéllos que escogieron su mismo escenario como tema de sus películas. Como señala Zunzunegui,

> La genealogía de la obra de arte tiene siempre un carácter retroactivo. Son las obras nuevas las que nos obligan a rastrear el pasado en busca de aquéllas anteriores que vivificaron las actuales[92].

Sin una referencia explícita, la presencia de las calaveras de la necrópolis romana nos recuerda dos escenas de *Viaggio in Italia* de dos visitas turísticas, una a las catacumbas y otra a las ruinas de Pompeya. Tanto en la película de Rossellini como en la de Guerín, los restos humanos fosilizados no son más que el espejo donde los vivos nos miramos. La presencia de la muerte, por encima de las creencias religiosas, actúa como catarsis purificadora y ejerce en el espectador una reflexión sobre la propia vida y sus mundos interiores. Dos mujeres del barrio Chino, una musulmana y otra cristiana, ante la presencia de los esqueletos, coinciden en una misma afirmación: "Todos cabemos en el mismo agujero". Se trata de miradas afectadas, como la de Ingrid Bergman, pero que, sin embargo, buscan la resignación ante la muerte a través de la relativización y el distanciamiento para poder encarar la vida con cierto equilibrio.

Las referencias de Guerín a los medios de comunicación se extienden no sólo al cine sino también a la televisión y a la radio, usados con diferentes finalidades, según los casos. El más evidente es la referencia a *Tierra de faraones*, tomada como pretexto ilustrativo al comentario de Juan López, el encargado de obra, a una de sus películas favoritas. Un pretexto que lo lleva a la Filmoteca, a la que él llama "la casa de la memoria del cine" y que considera que es imprescindible en los oficios relacionados con la producción audiovisual. Guerín es un gran conocedor del cine clásico, y es precisamente en la filmoteca que solía frecuentar desde joven donde aprendió a ver cine. Así expresó su idea sobre el cine en la conferencia que pronunció en la Universitat Jaume I:

> La idea que yo tengo de la historia del cine es la historia de una lucha, un conflicto, una batalla permanente entre los intereses de un

92 Zunzunegui, S.: "Genealogía de la belleza", en *Cahiers du cinéma* España, núm. 7, diciembre de 2007. Madrid: Caimán, pp. 74-76.

> autor y los intereses de una industria. Es un conflicto a veces muy flagrante que empieza con Griffitth, y con Stroheim y con todos los grandes creadores y, a mi juicio, se agudiza extraordinariamente a partir de los años sesenta y por alguna razón empieza a proliferar el grito de que "el cine ha muerto". Yo no sé si el cine ha muerto o no, pero lo que sí sé y, que sin duda sí ha muerto, es ese gran legado del cine como el gran arte popular que fue[93].

Juan López, el encargado de la obra de *En construcción*, es el personaje mediador en la cita cinematográfica, el que compara las técnicas actuales de construcción con las usadas en el antiguo Egipto (tomando como ejemplo lo que se ve en la película de Howard Hawks). También se refiere a la época medieval mediante la iglesia románica del siglo XIII, mucho más cercana en el tiempo, en el espacio y culturalmente. Pero lo más interesante de la cita cinematográfica de Guerín es el tono sarcástico, solapando la voz del faraón Keops (preconizando la gran construcción de la pirámide) con la imagen de Atar arrastrando su carrito entre los escombros de los edificios en derribo. No es, por tanto, una cita gratuita. Y lo más sorprendente del largo fragmento de *Tierra de faraones* –visto en distintos aparatos televisores de diferentes viviendas– es que se presenta en continuidad, sin elidir espacios en la cinta de Hawks. Esto nos demuestra que ante una apariencia azarosa de los encuadres de cámara existe una exquisita meticulosidad en el rodaje de los planos y en el posterior montaje, en el cual utiliza un texto fílmico ajeno, sacado del contexto y con finalidades metafóricas.

Sin embargo, las referencias intertextuales no son un juego del autor erudito, son referencias buscadas para dar un sentido concreto a aquello que el cineasta se ha planteado como objetivo de la película. Con la introducción de las secuencias de *Tierra de faraones* en el documental *En construcción*, la finalidad no es otra que denunciar el *faraonismo* urbanístico de las autoridades municipales y contrastarlo con las vidas de los "sin techo", una carga irónica que convierte la denuncia en un texto artístico comprometido socialmente y que, inequívocamente, toma partido a favor de los desposeídos. Como postulaba Bazin en relación al punto de vista documentado, "en lo que concierne a determinadas realidades, la imparcialidad es una ilusión"[94].

Pero las citas del medio televisivo en *En construcción* tienen también otras finalidades narrativas y, en otras ocasiones, facilitan

---

93 Guerín, J. L., *op. cit.*

94 Bazin, A.: "Chris Marker. Lettre de Sibérie", *France-Observateur*, 30 octubre 1958, publicado en Enguita, N.; Expósito, M. y Regueira, E. (2000): *Chris Marker: retorno a la inmemoria del cineasta*. Valencia: La Mirada, p. 37.

información contrastada a los espectadores. En la secuencia 6 (*Todo el mundo cabe en el mismo agujero*), cuando encuentran los restos humanos, ante la dispersión de opiniones de los transeúntes para determinar la época de la necrópolis, Guerín introduce la información que ofrece el informativo de Televisión Española, captada en el bar de tapas que frecuentan los personajes. Los restos encontrados se datan en "casi dos mil años", dice la voz de autoridad de la locutora frente a las voces contradictorias de los vecinos. "Dijeron en televisión que era de los romanos", afirma una señora ante la incredulidad de otro vecino. Antes hemos visto al equipo de noticias con el logotipo de TVE tomando entrevistas e imágenes del lugar.

Guerín aprovecha también para presentarnos visiones mediatizadas a través de sus personajes: "Pero la tele es fantasía, ¿lo pillas o no lo pillas?", dice la niña Tania ante la provocación de su amigo. A través de esta reflexión infantil se cuestionan las dosis de realismo de los noticiarios televisivos. En otra ocasión, establece un paralelismo metafórico más entre lo que escuchamos en un titular de Telediario y la realidad del barrio Chino: "Comprar una casa es cada vez más caro". Esto provoca en los indigentes que almuerzan en el bar un comentario despreciativo y un tono irónico: "Más caro, mucho más...", dicen, refiriéndose a una especulación urbanística que por inalcanzable les resulta totalmente ajena a sus intereses inmediatos.

Guerín es bastante crítico con la televisión de nuestros días. Las citas intertextuales poseen un tono irónico y una mirada crítica a un medio que considera que ha perdido su oportunidad de ser una televisión democrática y cuyo legado se aparta de la historia del cine. En lo que se refiere a la radio, Guerín usa las citas sonoras (las que se escuchan en el interior de una casa o en un automóvil de la calle) para contextualizar la historia y establecer un paralelismo entre los conflictos locales y los de ámbito mundial.

El propio Guerín, al ser preguntado por su imaginario cinéfilo, responde a los motivos que le han llevado a introducir estas reflexiones en sus películas:

> La cinefilia es un arma de doble filo porque por un lado puede ser una forma de sabiduría que incluso te permite relacionar las películas con la vida (...) Pero a veces la cinefilia puede ser peligrosa, porque se convierte en una serie de citas que no te permiten ver la vida, y entonces el cine se asfixia. Yo he tratado de evitar esto.[95]

José Luis Guerín ya realizó lo que él llama "cine de naturaleza documental" con *Innisfree*, en 1990. Innisfree es el pueblo de ficción

95 García, J., entrevista a J. L. Guerín: "La cinefilia es un arma de doble filo", en *El amante.com* publicada el 30-11-2001) (www.elamante.com).

donde se sitúa *El hombre tranquilo* de John Ford (*The Quiet Man*, 1955), lugar mítico donde acude el cineasta para reconstruir el rodaje de la película. Se trata de un viaje retrospectivo hacia otro viaje, el que realizó Sean Thornton (John Wayne) hacia sus antepasados. Tranche se refiere a la película en estos términos:

> En cada gesto, en cada momento, en cada uno de los rincones que explora *Innisfree* hay un saber que logra despegarse de su texto de referencia. Y es que el film de Guerín logra captar el pequeño universo de la vida común desde esa gran ficción universal que habita en *El hombre tranquilo.* De ahí que, frente al eterno equilibrio que consagra el final del film de Ford, *Innisfree* se plantea como un viaje que necesariamente debe concluir[96].

Innisfree, como *En construcción*, tienen mucho de cine antropológico por la forma de tratar a los personajes. *Innisfree*, por su parte, ejerce una mirada crítica a los problemas seculares de los irlandeses, a la emigración y a la dependencia política de Inglaterra. Las estrategias de rodaje para capturar con la cámara las situaciones que crean los personajes es fundamental para determinar las formas de producción de *En construcción*.

> Creo que *En construcción* se relaciona más fácilmente con *Innisfree*. No podría haber hecho esta película si no hubiera rodado *Innisfree*. También, a pesar de que aquí no he trabajado con actores profesionales, me doy cuenta de que la experiencia me ha servido para la eventualidad de realizar una película de ficción con personajes[97].

Tren de sombras. El espectro de Le Thuit (1997), su tercer largometraje, "es una apasionante reflexión de cómo el cine es capaz de producir sentido a partir de una serie de materiales", como comentó Company[98] presentando la filmografía de Guerín.

Si *Los motivos de Berta* tuvo serios problemas de distribución (aunque la propiedad la tiene en exclusiva el propio Guerín) y el montaje final de *City Life* estuvo controlado por los productores, en *Tren de sombras* gozó de la libertad de filmarla en un formato no estandarizado.

La reflexión sobre el cine y las formas artísticas es una constante que, en mayor o menor medida, está presente en todas sus películas.

> Más que cine sobre cine, *Tren de sombras* es una muestra palpable de que la realidad es inalcanzable, supuesta, manifiestamente polisignificante; y lo pone de manifiesto a través de su propia entidad

96 Tranche, R. (1997): "Innisfree" en J. Pérez Perucha (ed.): *Antología del cine español* 1906-1995, Madrid: Cátedra.

97 García, J., entrevista *op. cit.*

98 Company, J. M., *op. cit.*

física como filme, con la multiplicidad de formatos y la constatación en la pantalla del carácter transitorio y efímero del fotograma[99].

Estas reflexiones sobre el cine no son una casualidad en Guerín. *Tren de sombras* la realizó para celebrar el centenario del cinematógrafo que inventaron los hermanos Lumière. El propio título corresponde a la definición que el novelista ruso Máximo Gorki dio a la mítica cinta de *La llegada del tren de la Ciotat,* cuando se proyectó en Rusia, en un local de entretenimiento y diversión[100]. También nuestro documental juega en dos ocasiones con proyecciones de sombras como un retorno a los orígenes del arte cinematográfico. Mientras el albañil gallego (Santiago Segade) cuenta de cuando trabajaba construyendo nichos en un cementerio, la antorcha que los ilumina para trabajar en la noche –mediante un juego irónico provocado por el movimiento de la fuente luminosa– proyecta sus sombras fantasmagóricas en la pared de enfrente.

A pesar de tener una filmografía muy reducida, Guerín muestra a través de sus películas su gran pasión por la reflexión cinematográfica y su particular visión del mundo. Para él no se puede hacer cine (ni televisión) sin conocer el enorme legado histórico que nos ha dejado durante algo más de un siglo. Un ejemplo de ello es la asunción de los principios del cine-ojo de Dziga Vertov, según un artículo firmado en 1983. En uno de sus puntos avanzaba la línea estilística que, años más tarde, llevará a cabo en películas como *Innisfree* y con mucha más claridad en la película que nos ocupa, donde actores de la calle son los protagonistas del film interpretando sus propios personajes: "¡Abajo los reyes y reinas inmortales de la pantalla! Vivan los mortales normales filmados en la vida durante sus ocupaciones habituales".[101]

En construcción, desde su propio título, es una metáfora de la propia construcción cinematográfica, que –como el documental– parte de unos materiales recogidos del mundo real con una sutil manipulación del profílmico y una intensa intervención en el montaje para naturalizar el constructo y hacerlo visible a la mirada del espectador. En la construcción del edificio intervienen una serie de procesos similares a los de un producto audiovisual (planos/guión, materiales/profílmico,

99 Gómez Tarín, F. J. (2000): "Tren de sombras, de José Luis Guerín. El cine en estado puro", en *Cuadernos del Ateneo de La Laguna*, núm. 9. La Laguna: Ateneo de La Laguna, pp. 154-163.

100 Gorki, M. (1981): "El reino de las sombras", en *Los escritores frente al cine.* Madrid: Fundamentos.

101 Guerín, J. L. (1974): "Dziga Vertov: El cine-ojo, cine-análisis, microscopio y telescopio del tiempo", en *La Vanguardia*, 28-02-1983, p. 46, con motivo del pase en televisión de *El hombre de la cámara* (Tchelovieks kino-apparatom, Vertov 1929) citando al mismo autor en *Cine-ojo: textos y fundamentos*, Madrid: Fundamentos.

estructura, construcción/montaje, promoción y uso/proyección). Javier Gómez Tarín se refiere a estos elementos metatextuales subrayando la constante presencia de la enunciación que reflexiona sobre la propia creación del objeto artístico:

> En *En construcción* el factor esencial es la fuerte presencia de la enunciación, que es constatable tanto en la disposición sintagmática como en el desarrollo formal: al tiempo que el film nos habla de la demolición de algunas viviendas en un viejo barrio barcelonés y de la construcción allí mismo de un moderno edificio, se constituye en paradigma del proceso de creación fílmica, ya que lo que está en construcción es –junto a las casas– el propio film (lo cual resulta efectivamente didáctico, tal como ocurriera en *Tren de sombras*)[102].

6.4. Las estrategias de puesta en escena

Las diferentes escenas y fragmentos significativos de la película que hemos analizado podemos reducirlas a tres tipos de puesta en escena que hemos denominado como "planos descriptivos", "reconstrucción de situaciones" y "puesta en situación".

6.4.1. Los planos descriptivos

Entre las diferentes tramas, encontramos fragmentos que agrupan un número indeterminado de "planos descriptivos" en los que los personajes principales no intervienen y la banda sonora suele estar formada por sonido de ambiente (o recreado) y sin diálogos. Estamos hablando de planos "vacíos" y con escaso valor narrativo que sirven para separar (o unir) secuencias. Son informaciones de carácter integrador que sitúan las acciones en su marco. Responden a las características del documental expositivo aunque, en este caso, revelan información sobre el tiempo y el espacio, contextualizan el relato y funcionan como elementos de cohesión de las diferentes partes del texto fílmico. Sólo en el cine narrativo dominante se puede considerar a esto planos como "muertos"; sin embargo, en un cine poético obedecen a funciones no necesariamente narrativas. El modelo cinematográfico de Guerín se alimenta de estos recursos que imponen otros ritmos y otras miradas.

6.4.2. Las escenas con contenido narrativo

En el resto de las escenas podemos ver cómo un personaje principal enuncia diálogos con otro. Éstas son las escenas con contenido narrativo, por las acciones que realizan o por las historias que verba-

---

102Gómez Tarín, F. J., *op. cit.*

lizan. Son escenas compuestas por un personaje principal que toma la iniciativa y empuja la narración con sus acciones o incita a otros a que cuenten cosas, opinen o se definan ante un tema propuesto, por lo que desempeñan funciones nucleares. Los personajes principales actúan de motores, suelen tener un carácter extrovertido y les gusta hablar y opinar sobre cualquier tema. Este tipo de personajes habladores de *En construcción* son, principalmente, los siguientes:

- Antonio Atar, el antiguo marino mercante.
- Juana Rodríguez Molina, la joven drogodependiente que se prostituye para sobrevivir.
- Juan López López, el encargado de la obra.
- Abdel Aziz El Mountassir, el peón albañil magrebí y marxista.
- Juan Manuel López, un encofrador, hijo del encargado y pretendiente de Sonia.

En relación a los personajes, *En construcción* es una película coral, característica que vemos especialmente en la escena donde los personajes comentan el descubrimiento de la necrópolis romana y, con la variedad de acentos idiomáticos y rasgos raciales, dibujan el cosmopolitismo del barrio barcelonés. Sin embargo, estos cinco personajes que hemos señalado destacan por encima del resto a lo largo de la película. Pues bien, cada uno de estos personajes principales tiene su correspondiente *partenaire* que actúa como contrapeso dramático. Veamos quiénes son estos personajes secundarios:

- Iván Guzmán Jiménez es la pareja de Juana que deja que hable ella, mientras él permanece en una situación más discreta.
- Pedro Robles es el ferrallista que canta *Escándalo*, el que discute con Juan López sobre las técnicas de construcción de la antigüedad. Aunque está situado en una posición secundaria, es un personaje que hubiese podido dar juego, ya que es hablador y le gusta opinar sobre cualquier tema.
- Santiago Segade, el oficial albañil gallego, aunque introvertido, entra al trapo que le tiende Abdel en la conversación y –sin desearlo– opina sobre los temas más transcendentales. Junto a Segade, pero menos relevante como personaje, se encuentra Abdelsalam Madris, el aprendiz de albañil magrebí, que también es objeto de las provocaciones verbales de Abdel.
- Sonia es la chica del balcón pretendida por Juan Manuel. En las dos primeras escenas en las que aparece, sólo responde con una sonrisa a las miradas de éste. A Sonia sólo la oímos hablar cuando responde al saludo de Juan Manuel y conversa con él.

Guerín estructuró el trabajo de forma similar a Víctor Erice en *El sol del membrillo*, acumulando escenas sin saber qué iba a ocurrir durante el rodaje. En el análisis de esta película, José Saborit señala:

> No había ninguna estructura preconcebida que determinara la filmación, sino solamente el deseo de estar allí, cada día, para ir registrando lo que fuera ocurriendo[103].

Y en la película de Guerín ocurre algo parecido, pero con la complicación añadida de tratar con personajes desconocidos de antemano y de haber sido concebida con un tratamiento coral (recordemos que Erice se centra sólo en la actividad del pintor Antonio López y su reducido entorno).

En relación a la puesta en escena, Guy Gauthier distingue dos vertientes claramente opuestas (la documental y la novelesca), con un mayor o menor grado de manipulación del profílmico y del origen de los enunciados verbales de los personajes.

El cineasta tiene que saber si quiere que el personaje sea él mismo –vertiente documental– o si se trata de un personaje sacado de su propia imaginación –vertiente novelesca–[104].

Más allá de la localización y de los decorados naturales donde se ha rodado *En construcción*, los personajes reales son la materia principal para las "puestas en escena documental". Vamos a referirnos a los otros dos tipos de estrategias de puesta en escena que se desprenden del análisis anterior, tal como habíamos señalado.

6.4.2.1. La reconstrucción de situaciones

La *reconstrucción de situaciones* se da cuando, a partir de lo que el director ha ido conociendo mediante el proceso de investigación previa, se establece un guión con los elementos mínimos para poder reinterpretarlo. En algunas ocasiones se requiere de la introducción de actores profesionales que interpretan algunos de los personajes; es el caso de los conocidos "docudramas". Pero, en otros muchos casos, los protagonistas de las acciones son los propios personajes reales que se reinterpretan a sí mismos, como los de *En construcción*.

Cómo señala Javier Maqua, en la frontera de la ficción, para que el cineasta llegue a organizar y desglosar el rodaje necesita de una rigurosa investigación de campo que le llevará a un guión previo, muy parecido a un plan de rodaje, técnica que se ha venido utilizando en los docudramas, como la legendaria serie de TVE *Vivir cada día*.

103Saborit, J., op. cit, p. 23.

104Gauthier, G. op. cit, p. 151 (traducción propia).

> En cierto modo lo real contiene en su interior su propio guión; el realizador es sólo un minero atento cuya obligación es extraer de las entrañas de la realidad el guión que contiene[105].

En el caso de *En construcción* podemos señalar, con un margen de error que podemos asumir, que las siguientes escenas fueron filmadas con un guión previo, por sencillo o simple que éste fuera. Ese supuesto guión (o simple escaleta) presumiblemente era conocido de antemano por los personajes respectivos. Esto no significa que los diálogos estuviesen redactados, ni mucho menos que los actantes tuviesen que memorizarlos como los actores profesionales, pero las acciones y la idea esencial fueron previamente asumidas. Veamos algunas escenas susceptibles de haberse rodado con los procedimientos anteriormente desarrollados:

- Las escenas interpretadas por la pareja de jóvenes enamorados –José Manuel y Sonia–, que entrecruzan sugerentes miradas con una cuidada continuidad de planos y contraplanos que se suceden a lo largo de diferentes secuencias de la película y que nada tienen que envidiar al clasicismo narrativo en cuanto a la naturalización del espacio, el tiempo y la verosimilitud de sus diálogos. Más concretamente se trata de dos escenas filmadas entre una ventana de la obra en construcción y el balcón dónde Sonia tiende la ropa, planos y contraplanos que pudieron filmarse con multicámara o bien se repitieron las puestas en escena para cada posición de cámara con la consiguiente repetición de acciones y diálogos de los dos personajes-actores.
- La escena de Juana y su novio Iván en la cama, conversando y fumándose un porro es tan verosímil y está tan naturalizada como la anterior, pero descubrimos una marca enunciativa que descubre la complicidad que existe entre la pareja y el director cuando ella con un gesto inequívoco pide que "corten" la grabación en dos ocasiones. Una marca que denota que el personaje de Juana ya había actuado todo lo que tenía pactado y necesitaba "descansar" de la presión de la cámara. Otro indicio que delata la actuación consciente de Juana frente a la cámara es la anécdota que cuenta Juana mofándose del ridículo y anacrónico comportamiento fascista del padre de Iván, de adscripción falangista. Si su único interlocutor es Iván, ¿por qué motivo le cuenta algo que probablemente él conoce mejor que ella? Sólo tiene sentido si su relato verbal está pensado para que lo capte la cámara.

105 Maqua, J. (1992): *El docudrama fronteras de la ficción*. Madrid: Cátedra, p. 31.

- En otra escena de la misma pareja de indigentes, la última de la película, ocurre algo parecido. Iván monta a caballo de Juana siguiendo una trayectoria bien planificada de la cámara en un *travelling* de retroceso. Esta acción de montar a caballito no es habitual en una pareja adulta, pero juega un papel simbólico muy importante en esta relación de pareja: ella, con su trabajo de prostituta, es la que mantiene económicamente a la pareja, la que carga a sus espaldas con todo el peso; él sencillamente no trabaja, ni hace nada para conseguir trabajo, es un "mantenido" que vive y se droga con el dinero que gana Juana. Cuando Juana jadea y realmente se encuentra cansada pide que "corten", con el mismo gesto que en la escena descrita anteriormente; sólo que en esta ocasión el director decide continuar filmando durante mucho más tiempo del previsto y, además, mantiene el plano en el montaje definitivo. En ese añadido se produce un cambio espontáneo de papeles muy significativo: Iván carga a sus espaldas a la maltrecha Juana. Este cambio de papeles que debería haberse descartado del montaje, según los indicios, supone un cambio del sentido final de la película. El intercambio de roles entre el hombre y la mujer se sitúa dentro de las convenciones sociales contemporáneas, según las cuales eso es lo políticamente correcto. Pero la realidad no es esa precisamente y todavía lo es menos en los ámbitos marginales, donde predomina el machismo sin prejuicios ni disimulos (la chica se prostituye y el chico la chulea). Por estos motivos, ese final con la mujer sobre las espaldas del hombre se nos antoja inverosímil por ser "políticamente correcto"; demasiado "correcto" o, quizá, un elemento más de provocación-sorpresa para el espectador que, a lo largo de la película, se ha curado de espanto ante las continuas afrentas a la moral establecida.

Las diferencias entre la "reconstrucción de situaciones" y la "puesta en situación" –que a continuación veremos– son tan tenues que ni siquiera un minucioso análisis del texto nos puede dar una total seguridad, sobre todo cuando la naturalización y el borrado de las huellas son objetivos primordiales del cineasta. En este caso el análisis textual debe complementarse con las informaciones procedentes de la organización de la producción y de cada una de las puestas en escena de la película. En cualquier caso, no es extraño encontrar tensiones entre los diferentes modelos de documental de observación, como afirma muy acertadamente Josetxo Cerdán: "Al fin y al cabo, estamos hablando de películas que buscan experimentar y alejarse de los modelos canónicos"[106].

106Cerdán, J. y Torreiro, C. (2005), op. cit, p. 370.

6.4.2.2. La puesta en situación

La *puesta en situación*, propia de los documentales observacionales, es una estrategia especial de puesta en escena que consiste en la creación de una serie de condiciones de confianza entre el equipo de rodaje y los personajes. Ese clima de confianza contribuye a la desinhibición frente a la cámara y da pie a que surja una situación cotidiana con la máxima espontaneidad, verosímil y con valor dramático. La situación deseada puede surgir en un momento dado, pero no hay ninguna seguridad de que –con todo el dispositivo técnico de rodaje preparado para su captura audiovisual– se produzca alguna acción significativa e interesante para el desarrollo argumental. Para explicar esta estrategia de rodaje, Guerín recurre al símil del pescador: "Hay que ver qué situación creas y has de estar como el pescador con la caña, para lo que debes tener tiempo. Y si no sucede el pequeño milagro, al día siguiente vuelves a intentarlo"[107].

La situación de confianza la crea el director como catalizador de una relación que no se improvisa, sino que lleva cultivándose durante un tiempo, más o menos largo, que forma parte de la investigación previa. Esta fase de investigación, anterior al rodaje, es insustituible para todo proceso de producción documental. En este sentido, no estamos hablando de una improvisación, sino de una forma de creación que se sirve de la realidad para generar significados. La "puesta en situación" que aquí proponemos no deja de ser un "método de trabajo documental" aplicado especialmente a la tipología observacional, tal como lo define y defiende Gómez Tarín, como el desarrollo de una argumentación utilizando recursos retóricos sobre un mundo existente, el real, que tiene lugar en el contexto explícito de la vida humana[108].

Además de la confianza, para el rodaje de una escena en estas condiciones es fundamental disponer de tiempo suficiente para que los personajes no tengan en consideración la presencia de la cámara y se expresen con la máxima naturalidad. Lo que se pretende con una puesta en situación para un documental no es el rodaje de una reinterpretación de la realidad sino filmar la propia realidad o, como dice Guerín, "atrapar un trozo de vida para la cámara".

La puesta en situación implica diferentes elecciones por parte del director. La primera es la selección de personajes que interactúen con facilidad con otros personajes generando diálogos y que puedan dar juego dramático frente a la cámara. El proceso de investigación previa determina la situación concreta que pueden generar los personajes seleccionados en un *casting,* pero con la particularidad de

107Monterde, J. E., op. cit, pp. 137.

108Gomez Tarin, F. J. (2008), *op. cit.*, pp. 101-108.

que sus diálogos no se han escrito en ningún guión previo sino que surgen de su propia capacidad de razonamiento. Esto significa que los enunciados verbales y las acciones desarrolladas pertenecen a los propios personajes.

Al director le queda todavía la elección del dispositivo tecnológico más adecuado: el tipo de cámara, una o varias cámaras, su colocación, la toma de sonido directo, la iluminación del espacio y, a veces, el escenario. Finalmente, existe la posibilidad de que la situación creada no sea satisfactoria, que no pueda relacionarse con otras escenas de la película o que carezca del significado deseado. En ese caso, hay que esperar a una mejor ocasión o desechar la situación.

De cualquier forma, los dos tipos de personajes que hemos descrito –en una puesta en situación como la que hemos definido– actúan de forma libre, emiten sus juicios de valor y cuentan sus historias por iniciativa propia, por lo que sus enunciados verbales les pertenecen y sus actuaciones también. En este sentido podemos afirmar que, en un documental de observación donde se han utilizado estrategias de puesta en situación, los personajes participantes son enunciadores o, al menos, enunciadores parciales, ya que el resto de decisiones de la realización cinematográfica (encuadre, iluminación, montaje, etc.) son decisivas para la enunciación y, por supuesto, quedan fuera del alcance de los personajes que intervienen en la película documental.

La secuencia más representativa de la puesta en situación corresponde sin duda al descubrimiento de una necrópolis romana en los cimientos del barrio del Raval, una escena coral en la cual participan un conjunto heterogéneo de personajes que comentan, opinan, discuten y sentencian sobre temas tan trascendentales como la vida, la muerte y el inexorable paso del tiempo.

En definitiva, la falta de guión previo en la puesta en escena (o puesta en situación) se suple con una profunda investigación del tipo de acciones que los personajes pueden desarrollar. Y la alternancia del rodaje y el montaje viene a sustituir la inexistencia de una estructura narrativa preconcebida en un guión previo. El guión definitivo se perfila a partir del visionado del material rodado y de un primer montaje. Este tipo de técnicas son posibles gracias a que la tecnología digital ha facilitado el acceso a sofisticados equipos informáticos de montaje, impensables unos años antes.

Con todo esto, *En construcción* es un canto a la dignidad de las personas a pesar de las continuas adversidades que les acechan. Es una película de personajes cotidianos y paradójicamente escondidos en sus puestos de la obra que construyen, en la calle donde se prostituyen o en las madrigueras del barrio donde sobreviven. Se trata de un film que nos hace reflexionar sobre la sucesión de todas las vidas posibles, sobre el transcurso del tiempo que todo lo deteriora y lo transforma, sobre la existencia humana, la subsistencia y la muerte como final, de cuyas cenizas resurgirán otras generaciones de poderosos y desposeídos en una vertiginosa rueda sin fin.

La apropiación de materiales procedentes de la realidad y su puesta en escena han construido un texto audiovisual con capacidad de emocionar al espectador, de la misma forma que lo hace la más pura ficción. En este sentido, corroboramos las conclusiones a las que llega Salvador Rubio cuando afirma que "la intensificación emotiva es posible también en el film de ficción y no es, por tanto, exclusiva del documental".[109] Es decir, que si las fronteras entre el documental y la ficción son absolutamente vagas, tampoco la capacidad de conmover al espectador es una propiedad diferenciadora de ninguno de estos dos métodos de producción fílmica.

7. Aproximaciones interpretativas

No vamos a entrar en la sempiterna discusión sobre la existencia o no de fronteras entre documental y ficción. Unos límites fronterizos que reconocemos como inexistentes, al menos en el caso que estamos analizando y que podemos extender a un buen número de largometrajes etiquetados como "documentales" producidos en esta primera década del siglo XXI. De entrada adoptamos la idea de documental como "método de trabajo" procedente de Guy Gauthier y desarrollada por Gómez Tarín, que lo define en los siguientes términos:

> Podríamos denominar documentales –por extensión, el término que ahora usamos remite directamente al método de trabajo y no a una clasificación de tipos de film– a películas que han sido realizadas: 1) a partir de un profílmico atendido como tal por el equipo de rodaje, con el menor grado de manipulación posible; 2) con personal y recursos técnicos limitados y actuando *in situ*; 3) haciendo efectiva la acción de informar (documentar) sobre un hecho o acontecimiento real sobre el que se lleva a cabo un proceso de investigación sistemático; 4) adoptando una posición (punto de vista) discursiva manifiesta, de tal forma que se efectúe una determinación previa de las prioridades sobre el espacio, el tiempo y la perspectiva[110].

109Rubio, S. (2007): "¿Existe una emocionalidad específicamente documental?", en *Enrahonar*, núm. 38, pp. 37-44.

110Gómez Tarín, F. J. (2005), *op. cit.*

7.1. Un tiempo para la ficción

De entrada, la dimensión temporal queda explícita en el rótulo sobreimpresionado del inicio, "un barrio que nace y muere con el siglo". El espectador se sitúa, por tanto, a principios del siglo XXI (*En construcción* se estrenó en 2001) por lo que el tiempo de la historia transcurre durante el XX. Las imágenes en blanco y negro –que hemos visto con anterioridad al rótulo–, por el tipo de vestidos y peinados de los personajes que transitan por la calle, nos han situado a mediados del siglo pasado y el resto de secuencias de la película (en color) las situamos a finales del mismo, en 1999 aproximadamente. En este aspecto, la sucesión temporal de la película es lineal, salvo varias injerencias retrospectivas atribuibles a los objetos del espacio profílmico (la necrópolis romana, la iglesia románica) y no al montaje.

El transcurso del siglo y el carácter del barrio del Raval, entre lúdico e industrial, quedan documentados a través de la reiterada presencia de imágenes emblemáticas, como los rótulos de neón del teatro Apolo y la silueta de las tres chimeneas industriales recortadas en el horizonte, respectivamente. Pero esas imágenes que se circunscriben a una ciudad concreta trascienden la clave local y son igualmente percibidas e interpretadas por cualquier espectador del mundo. Más allá del espacio donde se han localizado las escenas de una película, el cine documental suele mantener una visión universal. A diferencia de los reportajes televisivos, el cine generalmente debe hacerse entender a espectadores con otras referencias culturales, sin necesidad de conocer las particularidades locales donde se ha ubicado la película. Esa vocación universalista está bien explicitada en *En construcción*.

El tiempo cronológico de *En construcción* es propio de la ficción, verosímil, naturalizado pero ficticio. El rodaje de *En construcción* tuvo una duración aproximada de dos años y, como mucho, el equipo de Guerín pudo haber estado filmando durante unos tres inviernos; pues bien, si tomamos la sucesión secuencial de las estaciones del año que aparecen en la película podemos detectar –por la alternancia de la ropa de abrigo que utilizan los personajes– seis inviernos y cinco veranos. El último invierno de la película es el más significativo porque vemos nevar en Barcelona a través de las ventanas del edificio en construcción, frente a la iglesia románica. Se ha producido, por tanto, una sucesión lógica y verosímil del tiempo del relato de las cosas vistas y oídas en el barrio Chino, pero que se contradicen con una supuesta "representación de la realidad" y con un supuesto cine de "no ficción" que a nuestro entender no puede existir nunca o casi nunca. En el montaje de una película, desde el punto de vista temporal, cada vez que se produce un corte sin continuidad (sin *raccord*), cada vez que vemos un cambio de plano con profílmicos diferentes, existe una elipsis temporal que reduce el tiempo cronológico (real) de la historia al tiempo de la narración (ficción).

Pero hay otra "disfunción" temporal que no se cuestionaría si la película que nos ocupa no estuviese etiquetada como "documental". Las imágenes de la nevada con el fondo de iglesia románica se rodaron un domingo de noviembre. Por supuesto que la nieve no es de *atrezzo*, sin duda es natural, pero lo extraño es que unos albañiles trabajen en un día festivo, a no ser que hayan sido requeridos expresamente para el trabajo de rodaje, como los actores profesionales.

La nevada otoñal todavía nos aporta más información sobre el falseamiento (ficcionalización) de la dimensión temporal. La imagen con los copos de nieve cayendo va acompañada de una banda sonora muy significativa, se trata de las voces infantiles de la escuela cantando un villancico típico catalán del que podemos escuchar: *A vint-i-cinc de desembre, fum fum fum...* De este fragmento podemos deducir que imagen y sonido han sido capturados en momentos (y lugares) diferentes porque es muy improbable que el 21 de noviembre, día en que se rodaron las imágenes de la nieve, se pudiera escuchar una canción navideña de forma espontánea. La coherencia narrativa de imagen y sonido es impecable y eso es lo que realmente importa para obtener la verosimilitud y la naturalización del discurso documental, pero estos indicios son los que nos proporcionan argumentos para cuestionar la supuesta "representación de la realidad" que tradicionalmente se le ha atribuido al documental.

En otro orden temporal, una de las secuencias más universales, y la más rica desde el punto de vista semántico, es el descubrimiento de la necrópolis romana, alrededor de la cual se congrega todo un conglomerado multiétnico que reflexiona sobre el paso del tiempo, sobre la vida y –especialmente– sobre la muerte. La presencia de los restos óseos de personas que habitaron el mismo lugar refuerza el carácter itinerante de las gentes y los antecedentes de las transformaciones históricas del barrio, que en definitiva se convierten en metáforas del transcurso del tiempo y de la estructura cíclica del relato fílmico que analizamos.

Otro detalle retrospectivo, omnipresente a lo largo del relato, es el templo románico de Sant Pau del Camí. La presencia de la iglesia enmarcada por los ventanales de la obra en construcción permanece en diálogo constante con los edificios contemporáneos. Pero la referencia más directa la realiza el encargado de la obra que, como intermediario de ese diálogo arquitectónico, compara el tiempo que necesitaron "los antiguos" para construirla. "Eso es una obra de otro tiempo. Entonces tenían todo el tiempo del mundo...", dice nuestro personaje a su *partenaire,* el ferrallista.

En esta misma escena surge un diálogo muy significativo, con un tono de ironía, en cuanto a las referencias temporales sobre las que reflexiona la película: "La Sagrada Familia puede echar todo el tiempo que quiera haciéndose. ¿Por qué? Porque Jesucristo no tiene prisa que se la terminen". Y añade: "La pareja que tiene ganas de casarse quisiera que le dieran la llave del piso al otro día de hacer la proposición".

Finalmente, el inserto retrospectivo más sorprendente, bajo el pretexto arquitectónico, es el que nos traslada al Antiguo Egipto a través del pase por televisión de *Tierra de faraones*. Las grandes construcciones faraónicas utilizadas como contrapunto de la marginalidad contemporánea y de los modos de construcción actual suponen un recurso expresivo de alto rendimiento discursivo que Guerín aprovecha con maestría.

Guerín, en su película, adopta una visión pesimista (desencantada) de las situaciones de marginalidad que retrata. El itinerario sin final que nos presenta en el último plano dibuja un destino inevitable para sus personajes, con una visión conformista de la realidad. Los especuladores urbanos han ganado la batalla. Todo va a seguir igual, sin progreso ni justicia alguna. Los marginados se dejarán llevar por las circunstancias, buscarán resignadamente otras madrigueras para refugiarse y otras solanas para dejar pasar el tiempo. La lucha vecinal por mejorar la situación del barrio y las quejas plasmadas en las pintadas de los muros ha quedado en agua de borrajas. Los ricos seguirán siendo ricos y los pobres seguirán siendo pobres. Todo está en manos de una voluntad divina, ante la cual sólo cabe la paciencia y la resignación. Como señala Josetxo Cerdán[111], Guerín desdibuja el carácter duro de los personajes para hacerlo más fácilmente asimilable al público y a las instituciones que apoyaron la película.

Sin embargo, Guerín es crítico no sólo con los planes urbanísticos que el ayuntamiento progresista quiere implantar en el barrio, sino con el discurso oficial que se desarrolló a partir de la organización de los Juegos Olímpicos (1992) y, posteriormente, en el Forum de las Culturas (2004). Con estos grandes eventos se pretendió presentar al mundo –con resultados muy desiguales, en ambos casos– una Barcelona integradora, multicultural y postmoderna, a costa de lo que fuera.

Paradójicamente, en los encuadres de cámara aparecen de forma explícita eslóganes reivindicativos del vecindario. Podemos leer pintadas que se oponen al derribo indiscriminado: "derribos no, rehabilitación sí" o *graffitis* con dibujos que reclaman el barrio: "*El*

111 Cerdán, J. y Torreiro, C. (2005), *op. cit.*

barri és nostre". Guerín, desde la enunciación, nos muestra sutilmente la existencia de una lucha social en el interior del barrio, un movimiento vecinal contra la demolición de edificios que van a ser sustituidos por otros nuevos, con nuevos inquilinos. En este sentido Guerín, a través de los signos enunciativos, por sutiles que parezcan, resulta ser crítico y reivindicativo frente a una injusticia urbanística y contra el inexorable destino del paisaje urbano del Raval.

Con las incursiones retrospectivas pertinentes, *En construcción* es una metáfora de los tiempos que corren (los últimos años de un milenio y los primeros del siguiente), adelantándose a ellos. Es una puesta en situación de unos personajes, en un espacio y un tiempo que metonímicamente representan un mundo globalizado, en un periodo durante el cual han coincidido un creciente flujo migratorio y una atroz especulación urbanística, dos fenómenos socioeconómicos cuyas dimensiones jamás se habían conocido y que permanecen omnipresentes a lo largo del film. Se trata de una mirada a las contradicciones de un ciclo económico de vacas gordas (de 1995 a 2007) que, sin embargo, no ha sabido desterrar las bolsas de miseria y marginalidad urbana y que –según vaticina el propio sistema– seguirán incrementándose en un futuro inmediato.

7.2. Un modelo de cine observacional y reflexivo

El modelo de producción de *En construcción* es heredero del documental clásico de Robert Flaherty, que hizo de la complicidad con los personajes su principal herramienta de puesta en escena. También ha bebido de los movimientos del cine documental que se generaron a partir de los años cincuenta, con la aparición en el mercado de equipos ligeros de filmación con sonido sincronizado.

El *free cinema*, en el Londres de los años cincuenta, situó a los realizadores como "observadores" que apenas intervenían y mostraban lugares que la sociedad mantenía ocultos. Uno de los rasgos característicos era que se negaban a cumplir el papel de promotores de empresas o instituciones y, con ello, impulsaron el cine por nuevos senderos. El "cine directo", tal como lo denomina Erik Barnouw, se sitúa en esa misma línea de mínima intervención sobre el profílmico que, incluso, llega a considerar los comentarios de la voz *over* como un obstáculo entre la película y el espectador. Sin embargo, el *cinéma vérité*, dado que el realizador interviene activamente en la acción para desarrollar determinadas situaciones[112], se encuentra muy lejos del modelo que analizamos.

112Barnouw, E. (1996): *El documental, historia y estilos*, Barcelona: Gedisa, pp. 204-231.

El modelo dentro del cual puede inscribirse *En construcción* coincide con la línea de cine directo que apunta Barnouw, descrito también como "documentales directos" en las dos modalidades que presenta Feldman, o, en cierto sentido, como "cine de observación" cercano a la definición de Nichols:

> El documental de observación surgió de la disponibilidad de equipos de grabación sincrónicos, más fáciles de transportar y del desencanto con la cualidad moralizadora del documental expositivo. Una modalidad de representación basada en la observación permitía al realizador registrar sin inmiscuirse en lo que hacía la gente cuando no se estaba dirigiendo explícitamente a la cámara[113].

Completando la definición de Bill Nichols, Miquel Francés señala las diferencias sustanciales del proceso de producción de los documentales observacionales respecto a los métodos de trabajo tradicionales o, al menos, respecto a los más estandarizados por la industria cinematográfica:

> La intervención del realizador será importante en la elección de situaciones y de personajes, en la postguionización y en el montaje final. En este caso, la producción puede tener bastante sencillez, mientras que la postproducción tendrá un trabajo de complejidad selectiva[114].

En la producción documental –*En construcción* es un ejemplo–, el guión no es un legajo de papeles que hay que seguir al pie de la letra en el rodaje, sino que el guión se construye a medida que avanza todo el proceso, tal como señala Simón Feldman:

> Cada tema y cada objetivo, cada público requiere un tratamiento particular del guión. Lo que tal vez unifica todas las variables es que un guión documental no puede ser considerado como concluido antes de terminado el montaje[115].

Cuando el primer paso de la producción no es el guión, el trabajo de investigación previa requiere de mucha más dedición para el conocimiento de las personas que luego son susceptibles de convertirse en personajes. Las situaciones que ellos pueden generar frente a la cámara serán la materia prima para el montaje y para buscar continuidad a otras situaciones nuevas.

Feldman se aproxima a esta modalidad teniendo en cuenta el grado de conocimiento previo que posee el cineasta de las acciones

113Nichols, B. (1997): *La representación de la realidad. Cuestiones y conceptos sobre el documental.* Barcelona: Paidós, pp. 65-114.

114Francés, M. (2003): *La producción del documental en la era digital.* Madrid: Cátedra, p. 25.

115Feldman, S., *op. cit.*, p. 80.

que va a filmar y el grado de manipulación y repetición de las acciones que puede ejercer sobre los acontecimientos que suceden en el espacio profílmico. Dos de los modelos de tratamiento documental que presenta Feldman se aproximan al documental observacional en el que situamos en buena parte la película de Guerín:

> *Documentales directos o espontáneos,* donde los sucesos que deberán filmarse o grabarse se conocen sólo aproximadamente y no pueden prepararse ni repetirse, como en determinadas ceremonias folclóricas. Es evidente que aquí no puede hablarse de libro cinematográfico ni de guión propiamente dicho. La investigación previa y la claridad de los objetivos determinarán los aspectos más importantes que se deben registrar y la forma en que convendrá hacerlo.
>
> *Documentales directos manejables.* Un ejemplo lo constituyen las obras etnográficas, donde deben registrarse aspectos de la vida cotidiana de individuos o comunidades a los que, sin embargo, pueden hacérseles repetir las acciones o gestos, de acuerdo a las necesidades del rodaje. La investigación previa y la que se haga sobre el terreno permitirán trazar una línea narrativa, ajustada a una realidad que permita ensayos y repeticiones[116].

Entre estos dos espacios que delimitan los conceptos de documental "directo-espontáneo" y "directo-manejable" se encuentra la modalidad en la que podemos inscribir *En construcción:* el grado de manipulación aparente es mínimo, convirtiéndose en construcciones discursivas transparentes donde la cámara adopta el papel del voyerista. Sin embargo ese papel de mirón que no interviene en los hechos que observa es sólo aparente. Se trata de intervenir previamente en las relaciones con los personajes que se sitúan en el espacio profílmico, como hizo Guerín durante les tres años que dedicó a *En construcción* y como señala Michael Rabiger.

> Una película documental es en gran parte la suma de un conjunto de relaciones: las relaciones que no se ven tienen por lo menos la misma influencia que las que se hacen visibles en pantalla[117].

Aunque este método de trabajo no es nuevo, lo hemos encontrado en unas cuantas producciones documentales españolas de la primera década del siglo XXI que llevan implícitas unas formas de realización que se sitúan cercanas a la ficción y que nada tienen que ver con el reportaje o el documental interactivo basado en entrevistas a los personajes.

Se trata de un género de frontera donde el propio discurso procura borrar los sistemas formales sobre los que ha sido construido, hasta el punto de naturalizarlo en la misma medida en que lo viene haciendo el modelo clásico de representación institucional.

116FELDMAN, S. *Ibídem*, pp.73-74.

117RABIGER, M., *op. cit.*, p. 62.

En construcción no es un simple documental observacional que se limita a mostrar fragmentos del mundo real, sino que va más allá, busca que el espectador participe activamente del proceso enunciativo. José Luis Guerín establece una poética sobre el paso del tiempo y sobre la capacidad del dispositivo cinematográfico para capturarlo, pone en evidencia las contradicciones políticas de los gobernantes respecto al urbanismo de su ciudad y crea la metáfora de la construcción para autoreflexionar sobre la artesanía de cine. Con todas estas propuestas pretende que, a partir de las imágenes representadas, el espectador reflexione, tome consciencia y reinterprete desde su perspectiva los enunciados que se plantean en la película. En este sentido, responde a la estructura que Josep Maria Català determina para el film-ensayo: "una reflexión mediante imágenes, realizada a través de una serie de herramientas retóricas que se construyen al mismo tiempo que el proceso de reflexión"[118].

En definitiva, estamos ante una película que reflexiona sobre aquello que observa: sobre el mundo, sobre la condición humana, sobre el paso del tiempo y sobre la lucha contra la adversidad; un documental que da voz a los *sin-voz* y, sólo desde un compromiso ético y estético, muestra fragmentos de una serie de historias reales escondidas en los submundos urbanos de nuestras ciudades.

8. El equipo de producción

El equipo de producción de *En construcción* es de los más reducidos que se conocen en la industria cinematográfica. Más que industria en este caso cabría hablar de pura artesanía en el sentido más amplio. Se trata de una película sin maquilladores, sin decoradores, sin sastres ni modistos, sin especialistas en efectos especiales, sin música original, sin director de *casting*, sin director artístico, sin guión previo y sin un cuadro de actores profesionales. Esto, en principio, supone un ahorro en los gastos de producción, pero menos de lo que podría parecer, ya que el rodaje se desarrolló durante dos años, un periodo de producción muy largo, un proceso que hubiese sido económicamente ruinoso si hubiese contado con un equipo profesional completo. La cuestión es que a los procesos de producción y postproducción se les ha dedicado mucho tiempo con un equipo técnico muy reducido, una forma de trabajo propia de la artesanía más tradicional. Un tipo de producción artística que da al cineasta un tiempo para la reflexión sobre el objeto y

118Català, J. M., *op. cit.*, pp. 109-158.

el espacio profílmico y una enorme libertad de creación, fundamental cuando se trabaja con materiales tomados directamente de la realidad. Precisamente, como hemos afirmado anteriormente, trabajar con un equipo reducido de producción es una de las características del susodicho "método de trabajo documental".

8.1. El director

José Luis Carroggio Guerín (Barcelona, 1960) rodó su primer cortometraje, en formato súper 8, cuando tenía 15 años, y continuó rodando otros títulos de cortometrajes de carácter experimental en diferentes formatos subestándar como súper 8, 16 mm y U-Mátic[119]:

- *La agonía de Agustín* (1975)
- *Furvus* (1976)
- *El orificio de la luz* (1977)
- *Elogio a las musas* (1977)
- *Memoria de un paisaje* (1979)
- *Naturaleza muerta* (1981)
- *Apuntes de un rodaje* (1982)
- *Retrato de Vicky* (1982)

En sus primeras películas participó con el también realizador y director de fotografía Gerardo Gormezano, que ha continuado su carrera cinematográfica por otros derroteros. Los largometrajes de su filmografía profesional son los siguientes:

- *Los motivos de Berta: fantasía de pubertad* (1984).
- *City Life* (1990): "Eulalia-Marta".
- *Innisfree* (1990).
- *Tren de sombras. El espectro de Le Thuit* (1997).
- *En construcción* (2000).
- *En la ciudad de Sylvia* (2007)
- *Unas fotos en la ciudad de Sylvia* (2007)
- *Guest* (2010)

Siete años después de *En construcción,* estrena *En la ciudad de Sylvia* (2007), protagonizada por Pilar López de Ayala, una película que muestra la búsqueda desesperada de un hombre que viaja a Estrasburgo para encontrar una mujer con la que tuvo un encuentro fugaz. La película dispuso de un presupuesto de 1.990.000 euros, con una ayuda del Ministerio de Cultura de 200.000 euros.

Junto a esta película, tan singular por sus casi inexistentes diálogos, estrenó un documental basado en los apuntes previos que tomó en la preparación de *En la ciudad de Sylvia,* titulado *Unas fotos en la*

119Monterde, J. E., *op. cit.*, pp. 109-140.

ciudad de Sylvia (2007), que se presentó en el Festival de Gijón. Para redondear la trilogía de búsquedas (una película, un video doméstico y una exposición fotográfica), Guerín presentó en la Bienal de Venecia un montaje secuencial con 24 fotografías titulado *Las mujeres que no conocemos* (2007), que también pudo verse en el Centre de Cultura Contemporània de Barcelona.[120]

En paralelo a su actividad como cineasta, ha participado como profesor en el Master de Documental de Creación de la Universitat Pompeu Fabra y otros centros docentes y ha participado en numerosos debates y conferencias, especialmente a partir del éxito de *En Construcción*.

8.2. El productor

Antonio Camín Díaz[121] sigue un recorrido profesional en el mundo de la producción audiovisual que coincide con su empresa Ovideo TV, dado que es uno de los co-fundadores, presidente y, actualmente, productor ejecutivo de las producciones de ficción y consejero delegado de diferentes sociedades del grupo empresarial Mediapro. Su preparación académica cubre un amplio abanico del ámbito empresarial, ya que ha cursado estudios de Ingeniería Técnica Industrial y de Dirección y Administración de Empresas. Forma parte también de Barcelona Audiovisual, asociación que reúne a una veintena de productoras catalanas. Es el máximo responsable de la programación y gestión de Barcelona TV, una de las televisiones locales más prestigiosas por su línea de producción.

Ha producido, entre otras películas, *Jamón, Jamón* (1992) *Huevos de oro* (1993) ambas de Bigas Luna; *Remake* (Roger Gual, 2006) y las series de televisión *Les parents terribles* (José Dayan, 2003) y *L'ombre d'un crime* (Jean Sagols, 2005). Ha desempeñado el cargo de productor asociado en *Maratón* (Carlos Saura, 1992), *Veinte años no es nada* (Joaquím Jordà, 2005), *Coses que passen* (Silvia Munt, 2006, TV) y *Le secret de la belle de Mai* (Patrick Volson, 2002 TV Movie). Como productor delegado ha intervenido en *Smoking room* (Julio Wallovits y Roger Gual, 2002) y como productor ejecutivo de *En construcción* con las que ha conseguido importantes premios internacionales y el reconocimiento del público. Sus últimas participaciones en el campo de la producción audiovisual son los largometrajes *53 días de invierno* (Judith Colell, 2006) y *25 kilates* (Patxi Amézcua, 2008) y las series

120Losilla, C.; De Lucas, G. y Quintana, A. (2008): "Sobre esbozos y retratos" en el número 4, septiembre de 2007, de *Cahiers du cinema* España. Madrid: Caimán.

121MEDIAPRO: www.mediapro.es, 26-09-2006. y LIDER DIGITAL: www.liderdigital.com/lideres, 26-09-2006.

de televisión *La Vía Augusta* (2007), *Auf dem Vulkan* (2007), *Positius* (2007), *La vida comença avui* (Laura Mañá, 2008) y *Un instant precís* (Manuel Huerga, 2009).

En relación a la línea de la producción de Ovideo TV, declaraba en la revista Media de la Unión Europea que "No es la espectacularidad de los efectos especiales, sino la historia cercana, la que aceptan todas las edades, esta característica no únicamente la vemos en el cine, sino también en la televisión. Las series de mayor éxito en televisión nacen a partir de historias y de personajes con los que nos podemos identificar".[122]

8.3. El director de fotografía

Alex Gaultier, de origen francés, trabaja como fotógrafo en la agencia ESTO de arquitectura. Entre sus trabajos destacan las fotos calidoscópicas que le encargaron para un importante proyecto de rehabilitación del Mercat de Santa Caterina de Barcelona (1997–2004). Antes de participar en el equipo de *En construcción*, trabajó como director de fotografía en varios cortometrajes.

Entre los años 1998 y 2000 filmó, en el barrio del Raval de Barcelona, la película de Guerín. Posteriormente, con la notoriedad que le ha dado *En construcción*, ha participado como director de fotografía en proyectos de diferentes documentales y *spots* publicitarios como *Des trous et des bosses* (Jean Lous Comolli, 2000), *Heroes never die* (Jan Arnold, 2004), *Tres en el camino* (Laurence Boulting, 2004) –en esta ocasión comparte la dirección de fotografía con Tote Trenas, Guy Gonçalves, Yoshiko Osawa y Remco Bakker–, *Aguaviva* (Ariadna Pujol, 2005), *El dibuixant* (Marcel·lí Antúnez Roca y Miguel Rubio, 2005) y *Mare nostrum* (Fernando López Mirones, 2006). Junto a Natalia Carbonell ha dirigido el largometraje documental *Esteu aquí* (2007).

8.4. Las montadoras

Las dos montadoras de la película son Mercedes Álvarez y Nuria Ezquerra. Junto a **Francina Cirera** (ayudante de producción), **Abel García Roure** (ayudante de dirección) y **Amanda Villavieja** (sonido), formaron el grupo de estudiantes de la Pompeu Fabra que colaboraron estrechamente con Guerín en la realización de la película.

Mercedes Álvarez la Mata (Aldealseñor, Soria, 1966), estudió Filosofía y Ciencias de la Educación en la especialidad de psicología en la Universidad del País Vasco. Terminada la carrera, cursó estudios

122*Media*, abril de 2002: "En construcción. Esa mezcla perfecta entre una buena historia y un planteamiento industrial". Entrevista con Antoni Camín, productor ejecutivo de OVIDEO TV.

relacionados con la producción audiovisual (realización de vídeo, animación por ordenador, cine), al mismo tiempo que colaboró de ayudante técnico en empresas productoras hasta que, finalmente, trabajó en el centro territorial de Televisión Española en Navarra como montadora de vídeo.

Decidida a dedicarse a la realización audiovisual, escribe y dirige *El viento africano* (1997) y participa en el reparto de actores del cortometraje *Entaína* (2005) con el que ha cosechado numerosos premios y el reconocimiento del público. Se matricula en la primera edición del Master de Documental Creativo de la Universidad Pompeu Fabra, gracias al cual trabaja como montadora en el equipo de José Luis Guerín. El rodaje de *En construcción,* sin duda, creó escuela. Mercedes Álvarez –según ha declarado posteriormente– aprendió de él las estrategias de rodaje, la paciencia y la fe en la realidad como materia cinematográfica[123]. Junto con Isaki Lacuesta (*Cravan vs. Cravan*, 2002, y *La leyenda del tiempo*, 2006) forma parte de la primera hornada de discípulos aventajados de Joaquim Jordà y José L. Guerín en la Pompeu Fabra. En ese mismo Master surge la iniciativa de filmar *El cielo gira* (2004), su primer largometraje, estrenado en el festival de cine documental Punto de Vista de Pamplona. Ha alcanzado gran éxito de crítica y público y ha conseguido importantes premios internacionales: el premio Tigre de Rotterdam, la mención especial en el Festival de Málaga, el Cinema du Réel de París, el Infinity de Alba (Italia) y el Independiente de Buenos Aires. La película no consiguió distribuidora en España hasta su regreso de los festivales de Rotterdam y París. Paradójicamente, en su estreno en salas comerciales con Wanda Vision consigue más de 36.000 espectadores y le otorgan los premios como "Película Revelación y Mejor Montaje" del Círculo de Escritores Cinematográficos y "Mejor Dirección Novel" y "Mejor Dirección Documental" de la Asamblea de Directores Cinematográficos Españoles. Desde el verano de 2008 trabaja en el proyecto *Tierras bajo un sol infernal*, con un presupuesto de 850.000 euros, de los cuales 250.000 corren a cargo de las ayudas para la realización de largometrajes del Instituto de la Cinematografía y de las Artes Audiovisuales.

La primera producción de **Núria Esquerra** la encontramos en el listado de producciones de los estudios universitarios de Comunicación Audiovisual correspondientes al curso 1995-1996, con el título de *La pintora* (1996). Se trata de fragmentos documentales propuestos por Jean-Louis Comolli como ejercicio docente de la UPF. Después de participar en el montaje de *En construcción,* no ha dejado de trabajar en otros montajes de títulos muy significativos para el cine documental catalán de

123Riviriego, C.: "Directores de lo real. Los nuevos documentalistas", *El Cultural*, 13-07-2006

estos primeros años del siglo XXI, tres de ellos con la productora Ovideo TV y un largometraje de ficción, *La línea recta* (2006), de José María de Orbe Klingenberg. Pero con Guerín ha continuado colaborando como montadora de *En la ciudad de Sylvia* (2007) y *Unas fotos en la ciudad de Silvia* (2007) –en esta última ha participado además como productora–. También repitió como montadora de las dos últimas películas de Joaquim Jordà, *Veinte años no es nada* (2005) y *Más allá del espejo* (2006), su obra póstuma. Su filmografía como montadora es como sigue: *En construcción, Los Niños de Rusia* (Jaime Camino, 2001), *Elena Dimitrievna Diakonova, Gala* (Silvia Munt, 2003), *Veinte años no es nada* (Joaquím Jordà, 2005), *Lai* (Gonzalo de Lucas, 2005), *Tierra negra* (Ricardo Íscar , 2005), *Entre el dictador y yo* (2006): "El record d'una Espanya franquista i pobra, i una vida aspra, dura i grisa com el formigó" de Raúl Cuevas, *Más allá del espejo* (Joaquím Jordà, 2006), *La línea recta* (José M. de Orbe, 2006), *En la ciudad de Sylvia* (2007), *Unas fotos en la ciudad de Silvia* (2007), *Coffin of Light* (Nacho Cerdà, 2009), *Dansa als esperits* (Ricardo Íscar, 2010) y *Cuchillo de palo* (Renate Costa, 2010).

8.5. La técnico de sonido

Amanda Villavieja García (Barcelona, 1975), especialista técnica en diseño de sonido y en la toma de sonido directo, después de su relevante trabajo en *En construcción* y en el corto documental *Todo lo sólido* (Germán Berger, 2001), participa en diferentes proyectos documentales entre los que se encuentran los prestigiosos trabajos surgidos de la escuela de documentalistas de la UPF: *Aiguaviva, Tierra negra* y *El cielo gira*.

También realiza proyectos documentales para la televisión, como la coproducción europea *El regal de les llengües* (Christian Popp y Pierre Olivier, 2003), *Bell viatge* (Raúl Cuevas, 2005) y *Miró* (Yves de Peretti), sin dejar de participar en largometrajes documentales, como *La leyenda del tiempo* (Isaki Lacuesta, 2006) y *3055 Jean Leon* (Agustí Vila, 2006), o en ficciones, como *La cicatriz* (Pablo Llorca, 2005), *En la ciudad de Sylvia* (José Luis Guerín, 2007) y *Ich bin Enric Marco* (Santiago Fillol y Lucas Vermal, 2009) y *Los condenados* (Isaki Lacuesta, 2009).

8.6. Las empresas: productora y distribuidora

Ovideo TV SA[124] es una empresa de producción audiovisual creada en 1985 que pertenece al grupo empresarial Mediapro. El desarrollo del cine español de los primeros años del siglo XXI ha supuesto

124OVIDEO: www.ovideo.com, 26-09-2006 y BASECINE: www.basecine.net, 26-09-2003.

la consolidación de dos grandes líneas: el largometraje documental de creación y las películas de ficción de corte intimista con historias en las que prima el acercamiento al público más por su contenido que por su espectacularidad.

Además de las producciones propias, Ovideo TV ofrece servicios de producción y coproducción internacional sobre un amplio campo del mundo audiovisual y del espectáculo, como producción de *spots* publicitarios, retransmisiones de eventos culturales y políticos, producción de programas de televisión y, por supuesto, el desarrollo y producción de documentales.

Entre los directores y directoras que han frecuentado varias producciones y coproducciones de Ovideo, podemos destacar a Bigas Luna, Carlos Saura y Rosa Vergés; a la también actriz Silvia Munt; a Paco Mir del grupo Tricicle; o al desaparecido Joaquim Jordà en sus últimas películas.

Precisamente *En construcción* es el primer largometraje con el que Ovideo asumió toda la responsabilidad de la producción ejecutiva, cuando desde la Universidad Pompeu Fabra buscaban productoras independientes para gestionar los documentales del Master. En su primera década de existencia, el éxito de la película originó un relanzamiento de su departamento de producción cinematográfica, con varios largometrajes estrenados y proyectos de diferentes géneros.

Además de la sede de Barcelona, cuenta con delegaciones en Madrid y Lisboa, dedicadas especialmente a las producciones publicitarias. Ha producido y coproducido programas de ficción para diferentes cadenas españolas y europeas, series, miniseries, TV movis, documentales, aunque su principal cliente siga siendo Televisió de Catalunya.

Wanda Vision SA[125], además de distribuidora, es también productora de cine independiente, principalmente español, europeo y latinoamericano. Creada en 1992, Wanda Vision está participada al cincuenta por ciento entre Wanda Films (Miguel y José María Morales) y Rem Visión (Ricardo Evolé). Wanda Visión tienen un acuerdo con Nirvana Films para la distribución de películas en salas comerciales y disponer de un catálogo conjunto de más setenta títulos, entre los cuales se encuentran obras muy significativas del cine español –que, además, han sido comercialmente rentables– como *El espíritu de la colmena* (Víctor Erice, 1973) con 530.000 espectadores, *Solas* (Benito Zambrano, 1998) con 944.000 y *El bola* (Anchero Mañas, 2001) con 740.000. En 2003, junto a otras productoras y distribuidoras españolas, crea Cameo Media, una empresa de comercialización de DVD.

125WANDA FILMS: www.wandavision.com, 26-09-2006

8.7. Los actores-personajes

El reparto de actores (principales, secundarios y figurantes) que discurren por la pantalla es bastante extenso y ninguno de ellos trabajó como actor profesional con anterioridad a la producción que nos ocupa. Sin embargo, uno de ellos se ha significado bastante a partir de su participación en esta película, aunque antes ya participó en *Las cartas de Alou* (Monxo Armendáriz, 1990). Se trata de de **Abdel Aziz El Mountassir**, albañil marroquí, nacido en 1959, que rompe con el estereotipo del inmigrante islámico: poeta, idealista, de izquierdas, que improvisó frases con una fuerte carga retórica, sorprendente en boca de un peón de obra. "La naturaleza está susurrando a Barcelona mediante la nieve", dijo desde el tajo de trabajo, mientras nevaba. Abdel Aziz posee estudios universitarios, es culto, inteligente y con iniciativa, y –como tantos otros compatriotas suyos– ha buscado en Europa un futuro mejor. Se significó especialmente la noche en que, sustituyendo a Guerín, recogió el Premio Goya al Mejor Documental y pronunció un apasionado alegato: "El pueblo palestino está sufriendo la agresión nazi del genocida Ariel Sharon", un discurso fuera del guión oficial del acto que Abdel domina a la perfección. Esta popularidad le ha servido para ser entrevistado en publicaciones periódicas (*La vanguardia*, *El viejo topo*), para participar en conferencias, en programas de televisión, en series (*Abuela de verano*, 2005; *Entre vivir y soñar*, 2004; *La hijas de Mohamed*, 2003), en cortometrajes (*Amigo no gima*, 2004), en obras teatrales (*El retorn al desert*, 2003, y *Els estiujants*, 2006), ha actuado como figurante en películas como *Poniente* (Chus Gutiérrez, 2002), y colabora como tertuliano en el programa radiofónico *La ventana* de Gemma Nierga, en la cadena SER.

9. Bibliografía

Libros

CERDÁN, J. y TORREIRO, C. (2005): *Documental y vanguardia*. Madrid: Cátedra.

GIL PUÉRTOLAS, L. (2007): "Un modelo de producción documental: *En construcción* de José Luis Guerín" en MARZAL FELICI, J. y GÓMEZ TARÍN, J. (eds.) *El productor y la producción en la industria cinematográfica*, Madrid: Complutense, pp. 247-262.

MARZAL FELICI, X. y GIL PUÉRTOLAS, L. (2008): *Eines per a la producción de video documental*. Benicarló: Onada.

MONTERDE, J. E. (2007): "José Luis Guerín" en CERDÁN, J. y TORREIRO, C.: *Al otro lado de la ficción*. Madrid: Cátedra, pp. 109-140.

RESINA, J. R. (2008): "The Construction of the Cinematic Image *En construcción* (José Luis Guerín, 2000)" en *Burning Darkness. A Half Century of Spanish Cinema*, State University of New York, pp. 255-275.

TRANCHE, R. (1997): "Innisfree" en J. Pérez Perucha (ed.) *Antología del cine español 1906-1995*, Madrid, Cátedra.

VILA, S. (2005): *Deseo en la imagen. Cine y fantasmas en el 11 de septiembre*, Valencia: Aletheia.

Publicaciones periódicas

ESCUR, N.: "Cine contra el olvido" en *La Vanguardia. Vivir en Barcelona*, 06-11-2001. Barcelona: Godó, pp. 1 y 3.

GÓMEZ TARÍN, F. J. (2005): "El documental en construcción y la cámara urbana", en *Cahiers d'études romanes* nº 16: *La ville dans le cinéma documentaire espagnol*. Aix-en-Provence: Université de Provence.

GONZÀLEZ i HERRERO, J. (2002): "Una mirada a l'entorn documental" en *Quaderns del CAC*, núm. 14, septiembre-diciembre de 2002, 97-102.

Marzal FELICI, J. (2008): "Avatares de la mirada. Estrategias enunciativas del cine documental español contemporáneo" en *Hispanic Research Journal*, vol. 9, núm. 2. Londres: Maney Publishing, pp. 165-180.

MUÑOZ, J. M.: "En transformación" en *La Vanguardia. Vivir en Barcelona*, 06-11-2001. Barcelona: Godó, p. 3.

RIPOLL-FREIXES. E.: "José Luis Guerín, *Innisfree*" en *Cine y más*, núm. 73, diciembre 1990, Barcelona: CIEH, pp. 572-573.

VIVANCO, F. : "En destrucción" en *La Vanguardia. Vivir en Barcelona*, 06-11-2001. Barcelona: Godó, p. 4.

VIDAL, F. (2006): "O éxito de cineasta e a melancolía do historiador" en *Docs.pt. Revista de cinema documental*, núm. 3. Lisboa: Apordoc, pp. 70-75.

Documentos en soporte electrónico

APAOLAZA, J.; ELORZA, C. y DE LA TORRE, L.: "Noticine.com en San Sebastián", www.noticine.com,7-09-2001.

BONADIES, A.: "Conversación con José Luis Guerín", en *El universal.com*. Web: www.noticias.eluniversal.com/verbigracia, consultada el 15-05-2004.

CASAS, Q. (2002):"JLG, retrato de un cineasta inclasificable", en el DVD *En construcción*. Barcelona: Planeta.

FERNÁNDEZ, C. y MOLINA, A.: "Conversación con José Luis Guerín" publicada originalmente en la revista *Cabeza borradora*, núm. 3, Madrid. Web: www.pulpmovies.org/entrevistas/Guerín.html, consultada el 24-08-2006

GARCIA, J. entrevista a José Luis Guerín: "La cinefilia es un arma de doble filo" publicada el 30-11-2001 en *El amante.com*. Web: www.elamante.com, consultada el 24-08-2006.

GUERÍN, J. L. (2002): "José Luis Guerín. Realidad y ficción" declaraciones de Guerín a *Voz interior. Málaga:* Diputación de Málaga. Web: www.dpm-cultura.org, consultada el 24-08-2006.

—— (2004): DVD, *En construcción*. Madrid: Un país de cine 2, *El País*.

—— "Nociones sobre el cine y la libertad", conferencia pronunciada Guerín en la Facultat de Ciències Humanes i Socials de la Universitat Jaume I de Castelló de la Plana, el 24-05-2004.

GÓMEZ TARÍN, F. J. (2000): "Tren de sombras, de José Luis Guerín. El cine en estado puro", en *Cuadernos del Ateneo de La Laguna, núm. 9*, Ateneo de La Laguna, La Laguna, 2000.

La Vanguardia: www.lavanguardia.es

LOMBARDO. M. (2003): "Haciendo visible lo invisible. El cine de José Luis Guerín" en Zemos98: www.zemos98.org.

MARTÍN, A. (2001) entrevista a J. L. GUERÍN: "El barrio Chino barcelonés es una metáfora de todas las ciudades del mundo", www.terra.es.

MEDIAPRO: www.mediapro.es.

Ministerio de Cultura (2006): *Boletín Informativo de Cine.* Consultado en la web: www.mcu.es/cine/index.html.

Ministerio de Cultura (base de datos de películas calificadas): www.cultura.mecd.es.

OVIDEO: www.ovideo.com.

The Internet Movie Database: www.imdb.com.

WANDA FILMS: www.wandavision.com.

Colección
«Guías para ver y analizar cine»

Títulos de la colección:

Cantando bajo la lluvia de S. Donen y G. Kelly
J.L. Barrera, A. Bellido, J.J. Marzal, J.M. Monzó, L. Navarro y S. Rubio

"M" El vampiro de Düsseldorf de Fritz Lang
J.L. Barrera, A. Bellido, J.J. Marzal, J.M. Monzó, L. Navarro y S. Rubio

El espíritu de la colmena de Víctor Erice
J.L. Barrera, A. Bellido, J.J. Marzal, J.M. Monzó, L. Navarro y S. Rubio

Blade Runner de Ridley Scott
José Javier Marzal Felici y Salvador Rubio Marco

La naranja mecánica de Stanley Kubrick
José Javier Marzal Felici y Salvador Rubio Marco

Centauros del desierto de John Ford
Rafael Cherta Puig

Con la muerte en los talones de Alfred Hitchcock
Jose Maria Monzó García y Salvador Rubio Marco

Ciudadano Kane de Orson Welles
José Javier Marzal Felici

Laura de Otto Preminger
David Serna Mené

Con faldas y a lo loco de Billy Wilder
R. Ballester Añón

La reina Cristina de Suecia de Rouben Mamoulian
Santiago Vila Mustieles

Drácula de Bram Stoker de Francis Ford Coppola
Carolina Adam Mateu y Mercedes Azcárraga Pascual

Excalibur de John Boorman
M. C. Sanmateu Martínez

Arrebato de Iván Zulueta
Francisco Javier Gómez Tarín

Pesadilla antes de Navidad de Tim Burton
Lucía Solaz Frasquet

Títulos de la colección:

En busca del arca perdida de Steven Spielberg
Carlos López Olano

La mujer pantera de Jacques Tourneur
Pilar Pedraza Martínez

Pulp Fiction de Quentin Tarantino
Paco Gisbert

Annie Hall de Woody Allen
Rafael Cherta Puig y Eugenio Martí Pallarés

Los olvidados de Luis Buñuel
Fernando Ros y Rebeca Crespo

La semilla del diablo de Roman Polanski
Monserrat Hormigos Vaquero

Apocalypse Now redux de Francis Ford Coppola
Ramón Moreno Cantero

Ser o no ser de Ernst Lubitsch
Manuel Moreno Díaz y Juan Manuel Rodríguez Pachón

El sol del membrillo de Víctor Erice
José Saborit

James Bond contra Goldfinger de Guy Hamilton
Gonzalo González Laiz

Lawrence de Arabia de David Lean
Alejandro Herraiz Ripoll

Seven de David Fincher
Agutín Rubio Alcover

La dolce vita de Federico Fellini
Manuel Canga

La parada de los monstruos de Tod Browning
Lucía Solaz Frasquet

¡Qué bello es vivir! de Frank Capra
Antonio Lastra

Matrix de Andy y Larry Wachowski
Jose Antonio Palao Errando y Rebeca Crespo Crespo

Dos en la carretera de Stanley Donen
Agustín Rubio Alcover

TÍTULOS DE LA COLECCIÓN:

Al final de la escapada de Jean-Luc Godard
Francisco Javier Gómez Tarín

Minority Report de Steven Spielberg
David Serna Mené

La Guerra de las Galaxias de George Lucas
Gonzalo González Laiz

Roma, ciudad abierta de Roberto Rossellini
Pablo Ferrando García

El show de Truman de Peter Weir
Francisco López Cantos

Remando al viento de Gonzalo Suárez
Rafael Cherta Puig y Teresa Garrido Bigorra

Shrek de Andrew Adamson y Vicky Jenson
María José Gámez Fuentes

Todo sobre mi madre de Pedro Almodóvar
Pedro Poyato

Toy Story de John Lasseter
Jaume Duran Castells

Ordet de Carl Theodor Dreyer
Jose María Monzó García

París, Texas de Wim Wenders
Antonio Santamarina Alcón y José Antonio Hurtado Álvarez

Noche en la Tierra de Jim Jarmusch
Gabri Ródenas

El profesor chiflado de Jerry Lewis
Pablo Pérez Rubio

Los siete samuráis de Akira Kurosawa
Antonio Joaquín González Gonzalo

En construcción de José Luis Guerín
Longi Gil Puértolas

Muerte entre las flores de Joel y Ethen Coen
Gonzalo González Laiz